感じる経済学

コンビニでコーヒーが成功して、ドーナツがダメな理由

加谷珪一
KEIICHI KAYA

感じる経済学

はじめに――「感じる力」さえ身につけていれば、どんな時代でもこわくない！

スカイツリーの誕生で、東京タワーの客は減った？　増えた？

経済を動かしているのは私たち一人ひとりの消費活動です。

しかし、経済学という存在は、私たちの日常生活からあまりにもかけ離れています。

ＧＤＰ、インフレ・デフレ、消費者物価指数など、キーワードは何度も耳にしているはずですが、なぜかこれらの用語を直感的に理解することができません。

経済は身近な消費活動の集大成であるはずなのに、経済というものが、まったくの他人事のように感じられるのはどうしてなのでしょうか？

その理由は、経済学の本が無味乾燥に書かれているせいもあるのですが、多くの人が経済を感じるためのコツを身につけていないからです。

経済は、頭で考えることも大事ですが、何よりも「感じる」ことが重要です。

どの商品がよいのか、どこのサービスがよいのか、今、世の中で何が起こっているのか、自分自身の目や耳でしっかりと感じ取り、自身の価値観に基づいて判断することは立派な経済活動です。

たとえば、女子が大好きなルブタン*のパンプスやプラダ*のバッグを選ぶのも、男子が発売直後にニンテンドースイッチ*やプレイステーションVR*をいち早く購入したがるのも、すべては経済的な行為であり、これらの活動を最終的に数字にしたものが経済指標です。

経済を上手に感じ取るためには、日常生活において少しだけアンテナを敏感にしておく必要があります。モノの値段やサービスの内容について、意識して考えるようにすると、いろいろなことが見えてくるはずです。

あなたが食事でよく利用するお気に入りのお店はありますか？東京でしたら新宿や三宿にあるカフェ ラ・ボエム*かもしれませんし、西麻布の権八*、あるいは代官山のモンスーン カフェ*かもしれま

感じるWord

ルブタン
正式名称は「クリスチャン・ルブタン」。同名のフランス人デザイナーによる靴のブランド。女性の脚を美しく見せるエレガントなハイヒールを主に扱っており、靴の裏地が赤い「レッド・ソール」が特徴。

プラダ
イタリアを代表する高級ファッションブランド。デザイナーは創業家3代目のミウッチャ・プラダ。

ニンテンドースイッチ
2017年3月3日に任天堂から発売された家庭用ゲーム機。「持ち運びできる据置機」という新しいコンセプ

せん。それぞれ、イタリアン、創作和食、アジアンと店名もコンセプトも全く違いますが、経営しているのはグローバルダイニングというひとつの会社です。

　お気に入りのレストランや何か新しいサービスを提供してくれるお店を見つけたら、その背景に少しだけ目を向けてみる。すると、そこに意外な共通点やつながり、面白い発見が隠れているはずです。

　この本の表紙には東京スカイツリーのイラストが描かれていますが、スカイツリーがもたらす経済的な効果は、直接的な観光客の増加にとどまりません。スカイツリーだけでなく東京タワーの来場者も増えるといった相乗効果があり、実はこうした隠れた力が経済を左右するのです。

　小さな気づきを積み重ねていけば、やがて社会全体の大きな動きも理解できるようになるでしょう。本書はそのためのコツを皆さんに伝授していきます。

トのもと、据置機としても携帯機としても遊ぶことができる。

プレイステーションＶＲ
ソニー・インタラクティブエンタテインメントが２０１６年10月13日に発売したPlayStation4用のバーチャルリアリティ（ＶＲ）システム。ＶＲヘッドセットをかぶることで、プレイヤーは３６０度全方向を取り囲む３Ｄ空間に入り込んだかのような体感を得る。

カフェ ラ・ボエム
グローバルダイニングが経営するカジュアルイタリアンレストラン。１９８０年に原宿に１号店をオープン。新宿

日本経済の処方箋を書けるのは私たち自身

経済の仕組みが見えてくると、なぜ日本では長時間労働がなくならないのか、あるいは、これからの日本がどうなっていくのかといった抽象的なテーマについても多くのヒントが得られるようになります。自身のキャリアプランの設計や資産運用などにもよい影響を与えることになるでしょう。

漫然と与えられたものを受け入れ、受動的に生きるよりも、主体的に考え、自分の価値観に基づいて物事を決める人生の方が何倍も充実しています。そして多くの人が、前向きに、主体的に行動するようになれば、経済全体にもよい影響を与え、最終的には自分たちの利益として戻ってきます。

今の日本は不況が続いており、将来にあまり期待が持てない状態です。しかし本書を読み通してもらえば分かると思いますが、経済というものは人々の心理に影響を受けるものです。人口減少など避

御苑店は、大ヒットした映画「君の名は。」の主人公、瀧くんがアルバイトしていた店として話題になり、聖地巡礼として訪れる客が絶えない。

権八
同社が経営する創作和食レストラン。2000年に西麻布に1号店をオープン。クエンティン・タランティーノ監督が映画「キル・ビル」の撮影モデルにしたことで話題に。02年2月に開催された小泉純一郎元首相とジョージ・W・ブッシュ元大統領による日米首脳会談の際に会食で使用されたことでも知られる。

けることのできないマイナス要因はありますが、気持ちの持ち方次第で経済は大きく変わるのです。これは発展途上国から成熟国へのシフトが進んだ日本ではなおさらのことです。

一人ひとりが経済を「感じ取り」、主体的に行動するということは、何よりの景気拡大策になります。つまり、本当の意味で日本経済の処方箋《せん》を書けるのは、政府でも経済学者でもなく私たち自身なのです。

モンスーン カフェ 同社が経営するエスニック料理レストラン。1993年に西麻布に1号店をオープン。代官山店は、96年に放送され一大ブームを起こしたフジテレビの月9ドラマ「ロングバケーション」の撮影地として話題に。

予測が難しいこれからの時代を乗り越えるために

本書は4つの章で構成されています。

第1章では、まずは現実の経済について「感じて」もらいます。コンビニコーヒーやカラオケ、携帯電話料金などを例に、今、どのようなことが起こっているのか、経済を見る時にはどこに着目したらよいのかについて説明します。

同じ経済でも富を奪い合うものと、富を創造するものという2つの種類があること、モノの値段は、相対値と絶対値という2つの視点で考える必要があること、などがお分かりいただけると思います。時代の移り変わりに伴う消費行動の変化についても言及しています。

第2章では経済学の基礎について解説しました。

そもそもGDPというのはどのような概念なのか、世の中ではお金がどう回っているのか、経済を成長させるには何が必要かといったことについて、できるだけ分かりやすく解説しました。

最近、無理に経済成長しなくてもよいのではないかという成長懐疑論を耳にすることが多くなりましたが、残念ながらそれはよい結果をもたらさないことが理解できると思います。

第3章は、第2章までの議論をふまえ、今、日本が抱えている問題について解説しました。そして、第4章では、予測が難しいこれからの時代をどう乗り越えればよいのか、筆者の考えを提示しました。最終的には私たち一人ひとりの行動が経済を変える原動力となります。

これからの10年は、経済環境の変化に加え、人工知能の台頭などテクノロジーの驚異的な進歩という荒波も押し寄せます。しかし変化が大きい時はチャンスでもあります。経済を感じる力さえ身につけていれば、どんな時代でも恐れる必要はありません。

2017年4月

加谷珪一

『感じる経済学』　もくじ

はじめに　2

1章　まずは現実の経済を「感じて」みよう

経済を感じる、その1
コンビニコーヒーがうまくいってドーナツがダメな理由　16
市場の拡大と市場の奪い合い

経済を感じる、その2
牛丼店がちょい飲みに力を入れる理由　29
インフレとデフレ

経済を感じる、その3
1人カラオケの普及は何をもたらした？　42
人の消費行動は変わる

経済を感じる、その4
日本のケータイ電話料金は高い？　57
相対値と絶対値

経済を感じる、その5
経済の原動力は人の気持ち　71
「景気」とは気持ちの景色

2章　経済を「感じる」ための基礎知識

感じるための基礎知識、その1
「消費」と「投資」の違い、ひと言で言える？　82
経済を決めるのは消費と投資

感じるための基礎知識、その2
GDPって何なのか知ってますか？　91
GDPを構成する3要素

感じるための基礎知識、その3
GDPを知るとお金の回り方が見えてくる 100
家計の所得が経済のスタートライン
感じるための基礎知識、その4
経済の主役《キーパーソン》は誰だ？ 111
経済の動きは投資で決まる
感じるための基礎知識、その5
経済政策とは無限のパズルから最適の解を探し出すこと 118
恒等式なので単純ではない
感じるための基礎知識、その6
モノの値段は何で決まるのか？ 126
物価と貨幣の総量
感じるための基礎知識、その7
経済が成長する仕組みは？ 132
ニワトリとタマゴ論

感じるための基礎知識、その8
国が発展するプロセスはどうなってるの？ 141
途上国と成長国、それぞれに必要なもの

感じるための基礎知識、その9
経済は成長しなくてもよいの？ 150
成長懐疑論の是非

3章 感じて、そして行動しよう！

感じて行動！ その1
なぜ日本では長時間労働がなくならないのか？ 160
日本人の働き方

感じて行動！ その2
残業を減らすと経済が拡大するメカニズム 170
本当に豊かな働き方、生き方とは？

感じて行動！ その3
たくさん稼ぐにはどうすればよい？ 180
生産性を上げる最良の方法

感じて行動！ その4
賃上げで消費を増やせるか？ 190
所得と消費のメカニズム

感じて行動！ その5
ビジネスを活性化させれば消費は増える？ 198
ベンチャー企業の成長を妨げる最大の問題

感じて行動！ その6
傍観者になってはいけない 207
リスクと成長の仕組み

4章 経済を動かすのはあなた自身

経済を動かす！ その1
転職が活発になればサビ残はなくなる 218
終身雇用と長時間残業の不都合な関係

経済を動かす！ その2
好きなことを仕事にする 226
仕事に対するマインドセット

経済を動かす！ その3
感謝とお礼をする 232
お金持ちの行動原理

経済を動かす！ その4
資本主義は「心」から始まった 239
お金持ちになるためのある真理

おわりに 248

索引
経済を「感じる」ための重要Word 255

1章

まずは現実の経済を「感じて」みよう

経済を感じる、その1

コンビニコーヒーがうまくいって ドーナツがダメな理由（市場の拡大と市場の奪い合い）

企業は利益を上げることを目的に日々活動を行っています。

営利を目的としていますから、市場の変化に合わせて常に試行錯誤を繰り返し、次々と新しい商品やサービスを市場に投入していきます。消費者はその中からもっとも魅力的なものを選んでお金を消費していきます。こうしたやり取りの積み重ねが、現実の経済を形づくっているわけです。

つまり、日頃から接している商品やサービスの変化をしっかりと感じ取ることができれば、経済の動きについて、もっと直感的に理解できるはずなのです。ここでは、多くの人が利用しているコンビニコーヒーを例に考えてみましょう。

コンビニコーヒーには多くの人が注目した

コンビニ業界はこれまで、フライドチキンやコーヒーなど、多くの人気定番商品を開発してきました。特にコンビニコーヒーはほとんどの人が利用しているのではないかと思います。筆者もコンビニコーヒーが大好きです。

しかしよく考えてみると、フライドチキンもコーヒーも、もともとコンビニが手がけていたものではありません。フライドチキンの分野では、ケンタッキーフライドチキンがありますし、コーヒーの分野ではドトールやスターバックスなど多くの事業者が存在しています。

後ほど詳しく説明しますが、こうした外食チェーンとコンビニの店舗数を比較すると、コンビニはケタ違いの巨大さです。コンビニ各社が、フライドチキンやコーヒーを本気で手がけるということになると、既存のフライドチキンやコーヒーチェーンは大打撃となってしまいそうです。

ところが現実はそうではありませんでした。

まったく影響がないということはありませんが、コンビニがフライドチキンやコーヒー市場に参入しても、ケンタッキーがなくなったわけではありませんし、ドトールがダメになったわけでもありません。

つまりコンビニは、同じ商品を同じように提供していながら、まったく新しい市場を作り出すことに成功したわけです。

企業が市場で勝つためには、大きく分けて2つの方法があります。ひとつはまったく新しい需要を作り出すことで、もうひとつは、他から奪ってくる方法です。現実には、新しい市場の開拓と、シェアの奪い合いは同時に発生しますが、最終的にどちらを目指す企業が多いのかで、経済の動きは大きく変わってきます。

コンビニによるフライドチキンとコーヒーの成功には、多くの人が注目しました。なぜなら、市場の縮小が続く日本において、パイの奪い合いではなく、市場の拡大を実現したことがとても魅力的に映ったからです。

いくら縮小している市場だからといって、他人と富の奪い合いばかりをしていては気分が滅入ってしまいます。フライドチキンとコーヒーに続いて新しいサービスを開拓できれば、**持続的**な**成長**を実現できるかもしれません。その意味で、コンビニコーヒーは、**縮小市場**を抱える日本にとって**救世主**のような存在だったといってよいでしょう。コーヒーに続く**救世主**は何か？　こうした**期待**を背負って登場してきたのが、コンビニドーナツでした。

ところが、コンビニドーナツは思ったほどの成果を上げることができませんでした。**既存**のドーナツ市場は、ミスタードーナツなど数社の**寡占《かせん》状態***でしたから、コンビニの参入によって市場は**拡大**したと解釈することはできますが、コーヒーほどのインパクトはなかったわけです。

コンビニコーヒーが新しい需要を創出できた理由

コンビニコーヒーは最近登場してきたというイメージが強いのですが、実はセブン-イレブンが30年以上も前から繰り返し導入を試

感じるWord
寡占状態
ある商品やサービスの市場が少数の企業で支配されている状態。少数の企業が1社だけの場合が独占状態。

みていました。彼等はずっと前から、新しい需要の創造を考えていたわけです。

しかし、おいしいコーヒーを安く提供するのはそう簡単ではなく、同社はオペレーションの問題などから本格展開を見送っていました。ところが、日本マクドナルドによるマックカフェの成功で状況が大きく変わります。

マックがコーヒーの提供をスタートしたことをきっかけに、サークルKサンクス（現ファミリーマート）がコーヒー市場への本格的な参入を開始。その後、ローソンやファミリーマートが加わり、2013年にはセブンが満を持してサービスを始めたことで市場が一気に拡大しました。

コンビニ各社がこれほどまでにコーヒー市場への参入にこだわったのは、新しい需要を創造することによって、コンビニの潜在的な事業規模を拡大できると考えたからです。

コンビニで日常的にコーヒーを購入するようになれば、それに付随して別の商品が売れてくる可能性は高まります。こうした相乗効果をうまく利用すれば、飽和状態といわれたコンビニの市場もまだまだ拡大できるという期待が出てくるわけです。

実際、コンビニコーヒーはそれに近い効果をもたらしたといってよいでしょう。

セブンは2015年2月期において7億杯のコーヒーを提供したことを明らかにしています。セブンのコーヒーはホットの場合、レギュラーサイズが税込100円、ラージサイズが150円、アイスの場合、レギュラーが100円、ラージが180円となっています。ほとんどの利用者がレギュラーをオーダーしている可能性が高いですから、単価を100円強とすると、セブン1社だけで年間約750億円の売り上げとなります。単品でもかなりの金額ですが、コーヒーだけで済ませる利用者は少ないでしょうから、実際にはこれをはるかに上回る相乗効果があったはずです。

コンビニの店舗数は既存のコーヒー業界と比較するとケタ違いです。

最大手のセブンは約1万9000店舗、2位のファミリーマートはサークルKサンクスを手に入れたことで、同じような規模となっています。大手コーヒーチェーンであるドトールの店舗数が約1300店舗であることを考えると、コンビニの巨大さが分かると思います。

したがってコンビニで売られるコーヒーの金額も半端なものではありません。

コンビニ各社のシェアからコンビニコーヒー市場全体の規模を推定すると約2000億円となりますが、これは既存のコーヒーチェーンの市場規模を考えると大きな数字です。

スターバックスは情報が公開されていた2014年3月期時点において約1200億円の売上高がありました。ドトールは全店売上高を公開していないのですが、直営店の売上高や加盟店からのロイヤリティ*収入などを総合すると2015年2月時点で約1500億円の売上高と推定されます。コンビニコーヒーの規模はすでにコーヒーチェーン大手を上回っているのです。

不思議なことに、これほどの規模の競合が出現したにもかかわらず、既存のコーヒーチェーンは思ったほどの影響を受けていません。少なくとも現時点において、コンビニコーヒーは既存のコーヒーチェーンの顧客を根こそぎ奪っているわけではないのです。

その理由はコンビニでコーヒーを飲むお客さんは、これまでこうしたコーヒーチェーンではあまりコーヒーを飲んでいなかった人であることが考えられます。もしくは同じ客層であっても、コンビニにコーヒーがあれば、さらに消費する人たちだったということにな

感じるWord
ロイヤリティ
権利者に対して支払うお金のこと。ここでは加盟店がブランド名を借りることに対して支払うお金。

ります。コーヒーという身近な商品ですら、ちょっとしたきっかけでまだまだ需要を伸ばせる可能性があるわけです。

コンビニコーヒーは当初の思惑通り、新しい需要を生み出したと考えてよいでしょう。つまりコーヒーの潜在的な需要は極めて大きかったにもかかわらず、多くの人はそれに気付いていなかったというわけです。

同じように、新しい市場を創造できるのではないかと考え、各社がこぞって参入したのがドーナツだったわけですが、残念ながらこちらはうまくいきませんでした。

ドーナツは結局パイの奪い合いに

ドーナツ戦争の口火を切ったのはセブンでした。

同社は、2014年10月にセブンカフェドーナツを投入。その後、ローソン、ファミリーマートなど他社も追随する形となりました。当初、セブンはドーナツ事業について年間6億個、売上高600億円を目標としていました。コーヒーを買った顧客の多くがドーナツも買うことを想定していたわけですが、フタを開けてみると売れ行きはあまりよくありませんでした。

同社はドーナツ事業の不振を受け、２０１６年1月に商品ラインナップを全面的に刷新《さっしん》しています。

製造方法を根本的に見直すとともに、新商品を投入する一方、商品を個別包装に切り替えました。商品があらかじめパッケージングしてあると、いかにもコンビニ商品という感じで見栄えが悪くなってしまいますが、オペレーションを最優先した結果と考えられます。

ドーナツの販売がいまひとつだった理由のひとつに、「味」の問題を取り上げる人が少なくありません。このあたりは主観にもよるので判断が難しいのですが、各社ともにドーナツの売上げがよくないことを考えると、単純に味だけの問題ではなさそうです。

というのも、同じコンビニドーナツでも、各社によって中身にかなりの差があったからです。

ファミリーマートは、基本的に専用のケースを設けず、既存の菓子パンに近い棚であらかじめ個包装されたドーナツを提供していました。味も、既存の菓子パンに近くなっています。

一方、ローソンは、ケースから店員が出して紙に包むなど、ドーナツ専門店を意識した提供方法を採用していました。味も、ドーナツ店を強く意識したことをうかがわせます。セブンは、当初はローソン寄りでしたが、その後はファミリーマートに近い形態になったといえるでしょう。

つまり、提供方法や味にバラツキがあるにもかかわらず、総じて、あまり好調ではないということを考えると、要因は別なところにありそうです。

では、既存のドーナツ業界では圧倒的な立場だったミスタードーナツの販売動向はどうだったのでしょうか。

ミスタードーナツを展開するダスキンの２０１６年３月期決算は売上高が１６５２億円、経常利益が67億円と減収減益でした。ミスドを中心とした外食部門が足を引っ張っており、外食部門単体で見ると15億円の営業赤字になっています。

日本に鳴り物入りで進出し、当初は店舗に長蛇の列が出来ていたクリスピー・クリーム・ドーナツも相次いで店舗を閉鎖している状況です。

これまで日本のドーナツ市場はミスドがほぼ独占状態でしたから、ミスドの売上高はそのまま日本のドーナツ市場とみてよいことになります。同社の売上高は年々減少が続いており、実は7年で3割も縮小しています。

どうもドーナツそのものは完全に縮小マーケットになっていたようです。

当初、コンビニ側はコーヒー市場と同様、既存のドーナツ・チェーンとの奪い合いにはならず、新しい需要を開拓できると踏んでいました。

しかしミスドの国内全店売上高は914億円しかなく、コーヒーに比べると市場規模の絶対値が小さいというのが現実でした。しかも、この市場は年々縮小しており、この中には隠れた潜在需要は存在していなかったようです。

小規模な縮小市場にコンビニという巨大な鯨が参戦するということになると、さすがにコーヒーのようにはいきませんでした。

ドーナツを購入する層は主にファミリーと若い女性と言われますが、少子化の影響でファミリー層の需要は確実に減少しています。

感じるWord
実質賃金
労働者が実際に受け取る賃金の上昇率から物価の上昇分を差し引いたもの。実質賃金が上がらないと労働者は豊かさを実感できない。

労働者の実質賃金*が低下していることからお小遣いが減り、学生が気軽にドーナツとコーヒーを楽しむことができなくなっているという可能性も高いでしょう。

クリスピー・クリーム・ドーナツは、ドーナツの新しい顧客層を開拓しようとチャレンジしたわけですが、その目論見は外れてしまいました。

つまりドーナツは、新しい市場の開拓ではなく、パイの奪い合いだったということになります。これでは、いくらコンビニが圧倒的な店舗数を背景に攻勢をかけても、その成果には限度があるというのもうなずける話です。

感じるポイントはここ！

- 経済活動には、相手から富を奪うものと、市場を創造し、経済全体を拡大させるものの２つがある

- ある商品やサービスを見た時、それが奪い合い的なものなのか、市場を創造するものなのか考えるクセをつけるとよい

- 奪い合いの要素が強い製品やサービスが多いと経済が疲弊してしまう。経済が伸びる国は、市場を創造する製品やサービスが多い

- 日本の景気がどうなるのかを予測したければ、市場創造が目立つのか、奪い合いが目立つのかを考えればよい

経済を感じる、その2

牛丼店がちょい飲みに力を入れる理由（インフレとデフレ）

このところ牛丼チェーン各社が、アルコール類を気軽に楽しめる「ちょい飲み」のサービスを拡充しています。かつて牛丼各社はデフレの勝ち組などと呼ばれていたのですが、インフレを掲げるアベノミクス*によって苦戦を強いられてきました。

このところ、アベノミクスの意向とは正反対に物価が下落基調を強めています。このため牛丼チェーンに再び市場の注目が集まっているのですが、現実にはデフレと呼べるほどの物価下落が発生して

感じるWord
アベノミクス
第2次安倍政権が進めた経済政策。当初は財政・金融・構造改革という「3本の矢」だったが、後に金融政策中心にシフトした。

いるわけではありません。

実質賃金の低下による需要減少が、割安なサービスの人気を一時的に高めている可能性が高く、ちょい飲みのようなサービスの拡大は、業態間での顧客の奪い合いを加速させる可能性が高いでしょう。先ほどの例で考えれば、完全にドーナツ型の市場ということになります。

ちょっと一杯には最適のメニュー

牛丼各社は2015年あたりから「ちょい飲み」のサービスを拡充させているのですが、2016年以降、アルコール類の提供にさらに力を入れるようになってきました。吉野家は約360店舗でアルコールとおつまみを提供する「吉呑《よしの》み」というメニューを展開していましたが、2016年からこれを全店舗（約1200店）に拡大しています。

吉野家の「吉呑み」は、生ビールやハイボールを低価格で楽しむことができるほか、牛皿などの定番メニューに加え、子持ちししゃも、焼いか、冷奴など、一通りのおつまみ類も揃っています。

さらに吉野家では、スマホを使ってネットワーク上でボトルキープができる、デジタルボトルキープのサービスを開始するなど、かなり力が入っています。

こうしたフルサービスが提供できない店舗でも「吉呑みチョイ」というサービスがあり、品目は少ないものの、同じようなメニューを楽しめます。

松屋も一部店舗でアルコールやおつまみの提供を行っており、生ビールを楽しめるほか、ソーセージ&エッグなどのおつまみ類を注文できます。すき家も2015年から一部店舗でアルコール類とおつまみの提供を開始しました。

各社とも、既存店舗においてアルコールとおつまみを出すだけですから、本格的にお酒を楽しむというわけにはいかないでしょう。しかし、「ちょっと一杯」を目的に来店する利用者はそれなりに確保できるのではないでしょうか。

各社がこうしたアルコール類のサービスを強化しているのは、客単価（顧客1人あたりの売上高）を上げたいからです。

牛丼各社を悩ませる商品値上げと客数減少のジレンマ

実は直近の牛丼チェーン各社の業績はすこぶる好調です。すき家を運営するゼンショーホールディングスの2016年3月期決算は、売上高が前期比2・7%増の5257億円、営業利益が前期比3・8倍の121億円と大幅な増益でした。

同社は2014年、深夜営業を従業員1人で担当するいわゆる「ワンオペ」が問題視され、半数以上の店舗において深夜営業の停止に追い込まれました。2015年3月期の決算は111億円の純損失でしたから、まさに劇的な復活といってよいでしょう。

吉野家を展開する吉野家ホールディングスは、2016年2月期こそ営業減益でしたが、2017年2月期については前期との比較で2・1倍の営業増益を見込んでいます。松屋を展開する松屋フーズも好調で、2016年3月期の売上高は前期比3・5%増の839億円、営業利益は同72%増の37億円でした。

各社の決算が好調なのは、客単価が上昇したからです。商品が大きく変わったわけではありませんから、これは値上げによるものということになります。

すき家の業績急回復は深夜営業の復活が大きいのですが、値上げもそれなりに寄与しています。すき家は2015年4月に牛丼の値上げを行い、291円（税込み）だった並盛りが350円（税込み）になりました。この値上げによって各社の並盛りはすべて300円台に上昇したことになります。

松屋も、牛肉の質を高めた「プレミアム牛めし」への切り換えを行い、実質的な値上げに踏み切りました。客数は前期比で1・3％減少しましたが、客単価は逆に3・9％上昇しており、これによって営業利益を増やすことに成功したのです。

こうした各社の付加価値戦略は、うまく業績に結びついたように見えますが、万事順調というわけではありません。一連の施策は、実は綱渡りの連続だったからです。

実は各社は2015年の秋、一斉にキャンペーンを行い、期間限定の値下げを行っています。特にすき家については値上げの直後だっただけに、市場からは値上げ戦略がうまくいっていないのではないかとの声も上がりました。実際、各社は客数の減少に悩まされており、期間限定の値下げキャンペーンは、やはり客数の減少を補うための措置だったようです。

これは一体何を意味しているのでしょうか？

牛丼各社は、商品を値上げしたので業績は拡大しましたが、お店に来店する顧客の数は減ってしまいました。このことは、消費者の購買力は上がっておらず、値上げによって、お店に行けなくなってしまった人がいることを意味しています。

おそらくこれ以上、値上げを実施すると客数は急激に減少し、業績は悪化してくるでしょう。しかし、値段を上げないと、お店は期待した利益を上げられません。牛丼各社はこのジレンマに悩んでいます。

値上げと客足のバランスを取れるギリギリの地点を探りたいというのが各社のホンネであり、これは消費者の購買力が決して回復していないことの裏返しともいえます。

日本の物価はそれほど下がっていない

このところアベノミクスの限界が指摘されるようになり、デフレに逆戻りするのではないかとの声も聞かれるようになってきました。

日銀が提示した2％の物価目標の達成がほぼ不可能な状況になっていることは間違いありませんが、物価が下がってモノやサービスが買いやすくなっているのかというと決してそうではありません。これは牛丼チェーンの価格戦略を見れば一目瞭然です。牛丼チェーン各社は、値段を下げたくても下げられません。

アベノミクスのスタート直後、日本の物価は順調に上昇するかに見えました。2013年4月に日銀が**量的緩和策***を開始すると、**消費者物価指数***はすぐにプラスに転じ、消費税が8％に増税された直後の2014年5月には前年同月比でプラス1・4％（消費税の影響除く）に達しました。

2％という物価目標の達成も近いと思われたのですが、この頃を境に物価上昇率は鈍化に転じ、最近ではマイナスとなる月も目立つようになっています。

では、日本の物価はすべて下落基調なのでしょうか？

確かに物価を一面から見るとそうなりますが、物価にはいろいろ

感じるWord

量的緩和策
インフレ期待を生じさせるために、日銀が市中にマネーを大量供給する手法。126ページで詳しく解説。

消費者物価指数
商品価格やサービス価格の平均的な動きを数値にしたもの。この数値が上昇していれば、全体的に物価が上がっていると判断してよい。

な種類があります。ここで説明した消費者物価指数は「生鮮食品を除く総合」と呼ばれるもので、いわゆる「コア指数」のことを指しています。

コア指数には上下変動が大きいエネルギー価格が含まれているため、当然のことながら原油価格の影響を大きく受けることになります。消費者物価指数には、エネルギーの影響を除いた「食料及びエネルギーを除く総合」(こちらはコアコア指数と呼ばれている) という指標もあるのですが、2015年以降、両者の乖離《かいり》が激しくなってきています。

エネルギー価格の影響を受けるコア指数を見ると、2015年からマイナスになり、物価は下落基調に入っていることがわかります。しかし、エネルギーの影響を受けないコアコア指数は2015年からは逆に上昇しており、2015年末にはアベノミクスがスタートしてからもっとも高い水準になりました。2016年に入るとすべての物価が下落基調となりましたが、このところ原油価格が上昇していることを考えると、2017年は再び両者の乖離が激しくなってくるのかもしれません。

インフレは良いことで、デフレは悪いこと？

ガソリンや電気料金など一部の品目を除くと、おそらくコアコア指数の方が生活実感に近いと思われます。総合的に見るとコアコア指数はそれほど下がっていないというのが実情です。このところ、モノの値段が上がったと感じる人が多いのは当然の結果と言えるでしょう。一方、賃金はモノの値段ほどには上昇していないので、物価の上昇を考慮した実質賃金（年ベース）は、２０１６年はプラスに転じたものの、４年連続のマイナスでした。

つまりモノの値段は上がっているのに、稼ぎは少ないという状況ですから、消費者はますます節約することになります。

牛丼各社が値上げしたり、一方で値下げキャンペーンを行ったりという、一種、チグハグな行動を取っていたのは、こうした物価動向が影響しているのです。

新聞報道などでは、良いインフレ、悪いインフレなど、インフレやデフレに意味付けをするケースがよく見られますが、厳密にいうと、インフレやデフレそのものに意味があるわけではありません。

貨幣の価値が下がってその分だけ物価が上昇することをインフレと呼び、逆に貨幣価値が上がって物価が下がることをデフレと呼んでいるだけです。

ただ、一般的には好景気の時には物価は上がりやすく、不景気の時には物価は下がりやすくなります。このため、デフレは悪といったイメージが持たれやすいだけです。

つまり、現在の経済状態は、消費者に余力がなく、消費が低迷しているということですから、要するに「不景気」ということになります。不景気になると、企業は何とか販売数量を維持しようとして、値段を下げますから、物価の基調は下落傾向を強めることになります。デフレによって不景気になっているのではなく、不景気だからデフレなのです。

アベノミクスの中核をなす量的緩和策は、こうした状況を人為的に変えてしまおうという金融政策です。

日銀が大量の国債を購入し、市中に大量の現金をバラ撒けば、市場はインフレになるのではないかと考えます。インフレになると物価が上昇しますから、現金を持っていると損をします。多くの人は、モノや株式、不動産を買うことになりますから、結果的に経済活動が活発になります。また、物価が上がると金利が上昇する可能性が高いですから、そうなる前に銀行からお金を借りて工場などへの設備投資を増やそうと考える企業も増えてくるでしょう。

設備投資が増えると経済活動が活発になり、消費も増えるというのが量的緩和策の目論見でした。

量的緩和策の実施によって、確かに株価は上昇し、貨幣価値が減る分だけ為替《かわせ》は円安になりました。円安になると、輸入物価が上昇しますから、これは経済にとってマイナスになります。このマイナスを物価上昇による購買活動の活発化が上回れば量的緩和策は成功だったのですが、残念ながら、今のところ、円安によるマイナス面の方が大きい状況となっています。

労働者の給料が上がらないのに、輸入物価の上昇で、モノやサービスの値段は上がっていますから、労働者の実質賃金がマイナスになってしまうのです。

実質賃金がマイナスであれば、消費者の懐《ふところ》に余裕はなくなりますから、節約志向が高まることになるわけです。

本当のライバルは外食ではなく「家飲み」

話は元に戻りますが、こうした状況だからこそ、何とか客単価を維持するために、牛丼各社はちょい飲みをスタートしました。

先ほど筆者はちょい飲み戦略は微妙なバランスで難しいと言いましたが、現実には意外とうまく機能するかもしれません。その理由は、アルコールの拡充によって、居酒屋など他の業態から顧客を奪うことができるからです。

消費者の懐は寂しいですから、居酒屋に行くのは金額的にキツいという人もいるでしょう。その一部は家飲みになり、一部はちょい飲み市場に流れることになります。

そうなってくると、牛丼店のライバルとなるのは、もはや外食ではなく、コンビニなど小売店ということになるのかもしれません。

感じるポイントはここ！

- 牛丼チェーンに注目が集まるのはデフレだからではなく、消費者の購買力が低下しているから

- 本来、インフレとデフレに良い悪いはない。物価が上がっても給料が上がらない状態では生活が苦しくなるが、こうした状況を俗に「悪いインフレ」と呼ぶ

- 消費者の購買力が落ちているため、本来は、顧客を奪い合う関係ではない牛丼店とコンビニがライバルになってしまっている

- 量的緩和策は今のところ物価上昇の悪い面の影響が大きい状態にある

経済を感じる、その3

1人カラオケの普及は何をもたらした？（人の消費行動は変わる）

景気の動向が変わらなくても、消費者のお金の使い方は日々変わっていきます。それが経済の動きに大きな影響を与えることもあります。

消費行動の変化と密接に関係しているのはスマホの登場といったイノベーションなのですが、ここまで大きな話に注目しなくても、消費の変化は身近な出来事の中にも見つけ出すことができます。カラオケはそのひとつかもしれません。

2016年夏、カラオケチェーン大手のシダックスが大量閉店に追い込まれました。しかしカラオケ市場は衰退しているわけではありません。むしろ拡大しているくらいなのですが、なぜシダックスの経営は苦しくなっているのでしょうか。

その理由は、カラオケの利用の仕方が変わっているからです。

社員食堂からビジネスをスタートさせたシダックスは、食事メニューで稼ぐ構造になっており、これが足かせとなってしまったのです。

市場は伸びているのにシダックスだけが失速

シダックスは2016年8月、一気に44店舗の閉鎖を実施しました。その中には、本社でもある「渋谷シダックスビレッジクラブ」も含まれています。ここはシダックスの旗艦店舗ですから、今回の閉鎖の本気度がうかがえます。

実は同社は2016年4月からすでに一部店舗の閉鎖を始めており、9月末までに合計で80店舗を閉めました。これまで全国で約270の店舗を展開していたのですが、9月以降は190店舗というスリムな体制となっています。

実はここ数年、同社のカラオケ事業は厳しい状況が続いていました。

2016年3月期のカラオケ事業の売上高は前期比17・4%減の301億5500

万円、部門損失は21億4400万円に達しています。赤字に転落したのは2015年3月期からですが、売上の低迷は以前から顕著になっていました。2011年3月期の売上高は480億円もありましたから、5年間で4割近くの売上げを失った計算になります。

大量閉店と聞けば、市場縮小というキーワードが思い浮かびます。

しかしシダックスの場合はそうではありません。カラオケ市場は絶好調とは言えないまでも、利用者数は少しずつ増加しており、まずまずの環境が続いていたからです。

全国カラオケ事業者協会によると、カラオケ人口は2015年時点において4750万人となっており、過去5年間で100万人ほど増えています。またカラオケ事業者が提供するカラオケルーム数も増加が続いています。

ではライバルの状況はどうなっているのでしょうか。

カラオケ業界の最大手（店舗数）は「ビッグエコー」を展開する第一興商です。業界2位は「まねきねこ」を展開するコシダカホールディングス、第3位は「バンバン」を展開するシン・コーポレーションとなっており、シダックスは店舗数で業界第4位の企業です。

第一興商のカラオケ事業（飲食事業除く）の売上高は前期比10・2％増、コシダカホールディングスのカラオケ事業（こちらは飲食事業含む）の売上高も前期比19・8％増と好調です。どうやらシダックスだけが一人負けしている状況のようです。

大規模店舗をベースに飲食で儲ける構造

市場が伸びる中、シダックスだけが失速しているのは、飲食依存度の高さに原因があると考えられます。シダックスのカラオケ店舗における1日あたりの売上高は約30万円なのですが、まねきねこやバンバンは12万円から15万円とかなり安くなっています。

シダックスは店舗数では業界4位ですが、売上高では第一興商に次いで業界2位となっています。店舗の数は少ないのに売上高が大きいということは、店舗あたりの売上高が極めて大きいということを意味しています。

このあたりの違いは、シダックスが出店に際してどのような店舗を狙っているのかを見ればよく分かります。シダックスは、ロードサイド店舗の場合は７００坪以上、繁華街型の店舗の場合には300坪以上の大型物件を狙ってきました。ロードサイド店舗とは、街道沿いなどに造られるクルマで来店することを前提にした店舗のことを指します。これに対して繁華街型店舗は、街中にある店舗のことです。

ロードサイドの大型店舗は、国道沿いなど通行量の多いところではよく見かけますが、繁華街の店舗で300坪というのはかなり大きい部類に入るでしょう。シダックスが大型の店舗を探しているのは、飲食込みで1店舗あたりの売上高を大きくすることを前提にしているからです。

これに対して他の3社は、数十坪の物件でも条件が合えば積極的に出店を行ってきました。まねきねこやバンバンにいたっては、**居抜き***での出店にも積極的で、店舗によっては飲食物の持ち込みも可となっています。

飲み物や食事の提供は利益の源泉であり、ホンネではどのカラオケ事業者も飲食を積極的に展開したいと思っています。しかし、一

感じるWord
居抜き
以前、別の事業者（ここではカラオケ事業者）が運営していた店舗をそのままの状態で借りること。

部の事業者が持ち込み可としているのは、カラオケの顧客層が大きく変わってきたからです。

宴会需要が減り、1人カラオケがブームに

かつてカラオケ店は、学生や会社の宴会用途に多く使われていました。広めの部屋と豊富な飲食メニューを用意することは顧客のニーズにマッチしていたのです。

現在ではこうした目的で使われるケースは以前に比べてかなり少なくなっているようです。ライフスタイルの多様化に伴って、大きな宴会を行う職場が減ったことが主な原因と考えられます。

だからといってカラオケそのものに対するニーズがなくなったわけではありません。最近、ブームになっているのは、1人カラオケです。

1人カラオケは、文字通り1人でカラオケを楽しむことですが、各店舗とも、こうした流れを受けて、1人カラオケ料金を設定したり、まねきねこのように1人カラオケ専用の店舗を積極的に展開しているところもあります。

1人カラオケの場合、宴会のように大量の食事や飲み物をオーダーするケースは希《まれ》です。客単価が安い分、客数を増やす努力をしなければ、利益を上げることは難しいでしょう。

一部の事業者が飲食持ち込み可としているのは、とにかくたくさんの顧客に利用してもらいたいからです。客単価が減少している以上、金額ではなく客数で稼ぐという形にシフトしなければ、同じ売上高は維持できません。

シダックスにも1人カラオケの利用者はたくさん訪れており、同社もこうしたニーズはよく理解していたはずです。しかし、同社の対応は、店舗ごとにバラバラだったようです。もともと、多人数での利用を想定した店舗戦略だったことから、全社的な対応が遅れてしまった感は否めません。

シダックスが食事メニューにこだわり過ぎてしまった理由は明白です。

今でこそカラオケチェーンとしてのイメージが強い同社ですが、もともとは社員食堂の請負《うけおい》事業で成長した会社であり、現在でも売上高の多くは、食堂運営、病院給食などで占められています。つまりシダックスにとって食事はまさに本業なのです。

今では同社の顔にもなっているカラオケ事業ですが、これも、もともとは給食事業の延長線上でスタートしており、食事を提供することが大前提でした。宴会需要が多かった時代はこれがうまく作用したのですが、市場が変わった今、給食事業に強みがあることは逆に同社の足かせになってしまったわけです。

事業展開には2つの方法がある

企業がある事業分野で成功した後、どのように事業展開をしていくのかについては大きく分けて2つの方向性があります。

一般的なのは事業の水平展開です。

これは、同じ事業を異なる顧客層に展開していくというもので、社員食堂からスタートしたシダックスが病院給食分野に進出するというのは典型的な水平展開といってよいでしょう。

もうひとつは、ひとつの事業を核に垂直方向に事業を展開するというやり方です。

例えばハウスメーカーの大和ハウスは、M&A（合併・買収）などを通じてデベロッパー業務*に進出しており、現在ではメーカーというよりデベロッパーとしての色彩が濃い企業となっています。

本来、ハウスメーカーはデベロッパーから注文を受けて家を提供する仕事ですが、同社は発注者の事業領域もカバーしていることになるわけです。

シダックスも給食事業者として見れば、カラオケ事業者はむしろ顧客となる業界です。しかし自らがカラオケ施設の運営に乗り出すことで、両方で利益を出すことが可能となります。

シダックスのライバルである第一興商も、本業はカラオケ装置のメーカーです。つまり、自ら、顧客であるカラオケ店の事業も行っていることになります。

ただし、こうした垂直分野への進出はリスクも大きいということを忘れてはいけません。

例えばデベロッパーとハウスメーカーは、発注者と受注者であり、本来であれば利益が相反する関係です。給食事業者とカラオケ事業者も同じで、カラオケ事業者としてはできるだけ安く料理を調達し

感じるWord
デベロッパー業務
宅地造成やリゾート開発、再開発事業、ビルやマンションの建設などの開発業。

たいところですが、給食事業者としてはできるだけ高く料理を売りたいというのがホンネです。

市場が伸びている時であれば、両方の事業で利益を拡大できるので垂直戦略はうまく機能します。しかし、市場の伸びが鈍化した時には、どちらかを犠牲にするという厳しい選択が必要となってきます。シダックスは、本業である給食事業よりもカラオケ事業の企業イメージが強くなりすぎてしまったのかもしれません。

企業は日々その姿を変えている

このように、市場規模が変わらなくても、消費者のお金の使い方が変わってくると、企業の経営にも大きな変化が生じることになります。

たまたまカラオケ業界では、宴会の減少など生活様式の変化が1人カラオケという形で顕在化し、結果的にシダックスの経営が影響を受けてしまいました。しかし、こうした変化は、あらゆる業界で発生しているはずであり、多くの企業が常に姿を変え、そこで働く人たちの生活も変化させています。

企業の経営が変わると、同じ経済構造の中で、どの業界にどの程度、お金が落ちるのかという経路も変わります。総額で使われるお金が同じでも、経路が違ってくると、所得の分布も変わってくるでしょう。

経済の流れの変化で企業や個人のお金の使い方が変わり、今度はこれが経済の姿をさらに変化させるという図式です。

冒頭で解説したコンビニ業界はまさにその典型といってよいでしょう。

コンビニ業界は、以前は多くの企業が参入しており、店舗も各社ごとにそれなりに個性がありました。しかし、近年のコンビニ業界は一気に寡占化が進んでいます。

最大手であるセブン－イレブン・ジャパンの2015年におけるシェアは39％、2位のローソンは21・5％、3位のファミリーマート（合併前）は19・8％でした。上位3社のシェアを合計すると80％を超えています。2009年の段階では大手3社のシェアは72・9％でしたから、8ポイントほどシェアが拡大したことが分かります。

一方、4位のサークルKサンクスのシェアは13・2％から9・0％に、5位のミニストップは4・5％から3・1％にそれぞれ低下しています。販売力のある大手が寡占化することで何とか売上を伸ばしている構図が見て取れます。この傾向はM＆Aによってさらに加速することになります。

サークルKサンクスを運営するユニーグループ・ホールディングスとファミリーマートは2016年9月に経営統合し、新会社「ユニー・ファミリーマートホールディングス」が発足しました。店舗ブランドもファミマに統一されることになります。ファミマとサンクスが一緒になると、単純計算でシェアは27・8%になり、ローソンを抜いて業界2位に躍り出ます。

コンビニは政治の力で誕生した

コンビニは今でこそ、日本のインフラ*とも呼べる存在になっていますが、本来、コンビニはここまで普及する業態とは思われていませんでした。コンビニが日本で普及するきっかけになったのは、実は政治の力です。

昭和の時代、日本でもいわゆる大型スーパーが普及し始めました

感じるWord
インフラ
インフラストラクチャーの略。道路や鉄道、通信、医療など経済活動の基盤となる施設やそれを運営する仕組みのこと。

が、当時は、商品価格はメーカーが一方的に決めるという硬直的な市場でした。

こうした閉鎖的な慣行に風穴を開け、大量調達によって庶民に安い商品を提供するというコンセプトを掲げて登場したのが、イオン（旧ジャスコ）やダイエー（現イオン）、セブン（旧イトーヨーカ堂）といった企業です。

当時、こうした試みは「流通革命」と呼ばれていましたが、現実には思ったような展開はできませんでした。日本では大規模小売店舗立地法（いわゆる大店法《ダイテン》）の規制があり、安値販売のカギとなる大型店舗の出店が難しかったからです。

もしこうした規制がなければ、安い商品を大量に販売する大型スーパーが発達し、価格が高いコンビニは敬遠されていた可能性が高いでしょう。しかし政治による決断は時に市場メカニズムを変化させます。

庶民に安い商品を大量に提供するという流通革命の理想は諦め、現実路線としてコンビニに舵を切ったのがセブンであり、理想を追求し、従来の低価格路線にこだわったのがイオンでした。両者の業績に大きな違いが出たのは、ある意味で当然の結果なのです。

コンビニが普及したのは政治の力なのですが、コンビニが普及したことで、日本人の生活スタイルは大きく変わりました。当然、この変化は消費の動向にも大きな影響を与えます。

最近では、そのコンビニも市場拡大が限界に近づきつつあり、寡占化が進んでいます。経済活動はこうした市場の動きの積み重ねです。経済について考える際には、今の動きだけでなく、過去の経緯についても知っておいた方がよいでしょう。

感じるポイントはここ！

- カラオケ市場が伸びているのにシダックスが減速してしまったのは、宴会需要が減って、食事をオーダーしなくなったから

- 同じ業態でも、何で稼ぐのかという構造は日々変わっている。これに対応できないと企業はたちまち失速する

- 事業を展開する方法には、水平展開と垂直展開の2種類がある。垂直展開は利益も大きいがリスクもある

- コンビニという業態は自然な力ではなく、政治力によって出来上がった

経済を感じる、その4

日本のケータイ電話料金は高い？（相対値と絶対値）

安倍晋三首相は2015年9月、**経済財政諮問《しもん》会議***の場で、「携帯料金等の家計負担の軽減は大きな課題である。その方策等についてしっかり検討を進めてもらいたい」と発言し、事実上、携帯電話料金の引き下げを求めました。

あまりにも突然の発言だったため、業界は騒然となり、翌日の株式市場では、NTTドコモ、KDDI、ソフトバンクの株価が一気に6%～10%も下落、1日で約2兆円の時価総額が吹き飛びました。

感じるWord

経済財政諮問会議
内閣府に設置された重要政策について協議するための会合。民間の意見を反映させ、政治主導による政策実現を目的としていたが、一部からは形骸化が進んでいるとの指摘もある。

確かに家計における通信費の比率は年々上昇しています。

２０１５年７月時点の家計調査によると、２人以上の世帯における消費支出は28万４７１円でしたが、このうち通信費は１万２４４８円となっており、全体の４・４％を占めていました。

この時点から15年遡《さかのぼ》った２０００年７月の調査では、消費支出が32万６４８０円、通信費は９４１０円となっており、通信費の占める割合は２・９％でした。通信費の伸びの多くは、パケット通信によるものと考えられますから、家計における携帯電話料金の負担は大きくなっているとみてよいでしょう。

ただ、支出における通信費の割合が上がっていることと、携帯電話料金の絶対値が高いことはまた別の問題です。

日本のスマホ市場は閉鎖的であり、諸外国のように端末と通信会社を自由に選択することができません。最近は**ＭＶＮＯ（仮想移動体通信事業者*）**も増えてきており、いわゆる**格安ＳＩＭ***も普及してきましたが、まだまだマイナーな存在です。

感じるWord

ＭＶＮＯ
自社では回線インフラを持たず、他社から回線を借り受けて携帯電話などのサービスを提供する事業者。

格安ＳＩＭ
大手携帯電話会社と比較してより安い通信料金で利用できるＳＩＭカードのこと。多くがＭＶＮＯ事業者によって提供されている。

通信サービスは典型的なグローバル・ビジネスですから、規制料金が設定されない限りは、国によって大きな違いは生じにくくなっています。利用者の選択肢が少なく、事業者中心のマーケットであるという点や、大手3社による寡占状態になっている点は否定できませんが、諸外国と比べて日本の通信費が特別に高くなることは考えにくいというのが現実です。

総務省が行った通信費に関する内外価格差調査でも日本が特別に高いという結果にはなっていません。

例えばスマホを1カ月あたり音声36分、メール129通、データ5Gバイト利用するという条件で各国の料金を比較すると、日本（東京）は8642円でしたが、米国（ニューヨーク）は1万4096円、ドイツ（デュッセルドルフ）は1万3052円、英国（ロンドン）は8323円と、日本はむしろ安い部類に入ります。

日本の携帯電話料金が家計を圧迫するのは、絶対値としての価格が上がったのではなく、家計の収入が減少したことによる影響が大きいと考えられます。

日本のGDP（国内総生産）はここ20年間、ほぼ横ばいなのですが、諸外国は同じ期間で経済規模を1・5倍から2倍に拡大させています。米国では大卒初任給が日本円で40万円を超えるケースは珍しくありませんから、生活実感としての携帯電話料金は日本の3分の2から半分程度になるわけです。

したがって「携帯電話の料金が高すぎる」という安倍首相の発言は、絶対値としては間違っているのですが、日本人の生活実感という点では合っているのです。

本書のテーマは感じる経済学であり、筆者は基本的に生活の中で「感じた」ものは大事にすべきだと考えています。しかし、日本は貿易で国を成り立たせていますから、常に諸外国との関係性についても考える必要があります。

日本国内の感覚と海外の感覚にはズレが生じている可能性がありますから、この点については注意が必要となります。

自動車の値段についても同じようなことがいえるでしょう。

最近の若者は自動車が嫌いなのか？

日本の若者がクルマに乗らなくなっているというのは以前からよく耳にする話です。

実際、その通りで、これを裏付ける調査結果も出ています。

日本自動車工業会は2016年4月、2015年度における乗用車市場動向調査の結果を発表しました。それによると、クルマを保有していない若者の約7割が「クルマに関心がない」と回答しており、同じく約6割が「クルマを買いたくない」と回答しています。時系列の調査ではないので、以前がどうだったのかは不明ですが、6割が買いたくないと答えているという現実を考えると、若者の購入意欲は低いと判断してよいでしょう。

ただ、購入しない理由を見てみると、必ずしもクルマそのものが嫌いになったわけではなさそうです。

クルマを買いたくない理由として多かったのは「クルマを買わなくても生活できる」「今まで以上にお金がかかる」「自分のお金はクルマ以外に使いたい」の3つでした。

クルマを買わなくても生活できるという理由を除くと、クルマそのものに興味がないのではなく、お金がかかることを危惧《きぐ》している様子がうかがえます。「環境に悪い」「乗りたいクルマがない」といった、自動車そのものに対するネガティブな理由が少ないことを考えると、やはり金銭的な問題が大きいと考えてよいでしょう。

経済的な理由でクルマを買わなくなったのだとしたら、クルマが高くなって手が出なくなったのでしょうか？　それともクルマを買う余力がなくなったのでしょうか。

結論から言うと、その両方です。

このところクルマの値段が上がったという話をよく聞きます。

もっとも、自動車メーカーは、車種やグレードを次々と入れ替えていくので、同じ条件で価格がどう推移したのか検証することはなかなか難しいというのが現実です。

また販売の現場では、様々なオプションを組み合わせた形で納入されますから、本体価格がどの程度、上昇しているのか、直感的に分かりにくくなっています。

ただ、最近では軽自動車でも２００万円近くする車種が出ているということを考えると、値段が上がっているのは間違いなさそうです。

自動車メーカーは典型的なグローバル企業

こうした状況は、自動車メーカーの決算や統計にもあらわれています。

トヨタ自動車の売上高を販売台数で割った単純平均価格は、１９９５年3月期には約１７０万円でしたが、２０１５年3月期では３００万円になっています。約20年で１・７倍に値上がりした計算です。

総務省の小売物価統計を見ても同一グレード車種の価格はやはり上昇しています。クルマの単価は確実に上がっているとみてよいでしょう。

しかしながら、モノの値段には相対的なものと絶対的なものがあります。絶対値が上昇を続けていても、その国の平均的な物価も上昇しているのであれば、値段が高く感じることはありません。ところが、この点で日本の消費者はかなり不利な状況に置かれています。ここ20年、日本は諸外国に比べて所得が伸びておらず、相対的な購買力の低下が進んでいるからです。

自動車メーカーは典型的なグローバル企業であり、自動車価格は世界経済に準じて動くことになります。

先ほど、日本では過去20年間、経済がゼロ成長で、同じ期間、諸外国は１・５倍から2倍に経済が拡大しているという話をしました。一般的に経済規模が拡大すると、それに伴って物価も上がっていきます。自動車はグローバルに販売される商品ですから、世界経済の発展にしたがって価格が上がっていくのは当然の結果なのです。

例えば、トヨタ自動車は、全体の約8割を海外で販売しており、日本国内での販売はごくわずかです。グローバル企業である自動車メーカーが、同じ製品を日本においてだけ安く販売することはできません。

一方、日本では経済が拡大せず物価があまり上昇しませんでした。さらに困ったことに、GDPの水準は横ばいだったものの、労働者の所得は減る一方です。

日本における給与所得者の平均年収は、多少の変動はあるものの、ここ20年で一貫して下がり続けています。消費者の稼ぎそのものが減り、一方でクルマの単価が上がったということになれば、クルマが買いにくくなるのも無理はありません。所得の低下は特に若年層にシワ寄せが来るので、若者の購買意欲はさらに低下してしまうわけです。

さらに言えば、中古市場が発達していない日本市場の特殊性も影響しています。

本来、低価格なクルマへのニーズは、中古車市場が満たすはずなのですが、日本は先進諸外国と比較して中古車市場の規模が著しく小さいという特徴があります。

米国は新車1台に対して3倍の数の中古車が販売されていますが、日本の中古車販売台数は、統計の取り方にもよりますが、新車の半分程度に過ぎません。米国と比較すると、相対値で6分の1の規模しかないのです。

日本では住宅でも同じような傾向が見られ、中古住宅はなかなか売れません。価格が安くても中古車は敬遠されがちであり、今後もその傾向は変わらないでしょう。

シェアリング・エコノミーによる影響はこれからが本番

携帯電話料金が高すぎるという話と、若者がクルマに乗らないという話の根底には、グローバル経済と国内経済の差という共通の課題があります。

かつての日本はグローバル経済と国内経済にほとんど差はありませんでしたが、残念なことに現時点では内外に大きな違いが生じています。携帯電話を気軽に使えたり、若者が自動車に乗れるようになるためには、日本経済をもっと成長させなければいけません。

ただ、クルマに関する嗜好《しこう》という点では、また別の動きもあるようです。それはシェアリング・エコノミーの発達です。

自宅を宿泊施設のように貸し出すAirbnbや、タクシーをスマホで呼び出せるウーバー*など、全世界的にシェアリング・エコノミーのサービスが普及しています。シェアリング・エコノミーはあらゆる分野が対象となる可能性が高いですが、その中でも自動車との親和性は抜群といってよいでしょう。

先日、東京地域のタクシーで、初めて値下げが実施されました。この動きの背景となっているのは、実はシェアリング・エコノミーの台頭なのです。

感じるWord
ウーバー
米国の配車アプリ大手。スマホのアプリからタクシーやハイヤーを呼び出すことができるサービスを世界各地で提供している。

タクシー値下げの背景には自動運転技術の台頭がある

これまで東京地域のタクシーは初乗り料金が「2キロ730円」でしたが、新しい料金体系では、1キロ強で410円となります。一定以上の距離を乗った場合には、運賃はあまり変わらないか、むしろ高くなります。しかし、近距離の利用では圧倒的に安くなりますから、いわゆる「ちょい乗り」の需要を喚起できる可能性があるわけです。

これまでタクシー業界は値上げすることはあっても、値下げすることはありませんでした。ここに来て値下げに踏み切ったのは、タクシーの利用者離れが深刻になっているからだと報道されています。

確かに、東京におけるタクシー利用者の数は過去10年で25％減少、運送収入も14％減少しました。今後はさらに利用者が減ると予想されることから、新しい需要の開拓に乗り出したというわけです。

しかし、タクシー業界が値下げに踏み切った本当の理由はもっと別なところにあります。それは急激に進歩しつつある自動運転技術への対応です。

タクシー最大手で今回の値下げを主導したともいわれる日本交通の川鍋一朗会長は、近い将来、自動運転車が確実に普及すると予測しています。

日本交通は、約5000台のタクシーと約1200台のハイヤー（業務提携含む）を擁《よう》する業界最大手です。川鍋氏は、創業家3代目であり、コンサルティング会社マッキンゼー出身のエリートとして知られています。日本交通に入社後、バブル時代に積み上がった1900億円の負債整理にメドを付け、2005年に社長に就任しました（川鍋氏は華麗な経歴からタクシー王子などと呼ばれています）。

川鍋氏は、早くからＩＴの可能性に着目しており、スマートフォン向けタクシー配車アプリ「日本交通タクシー配車」をスタートさせたことでも知られています。日交の配車アプリは、スマホの地図上で場所を指定すると、近くを走行中のタクシーを検索し、自動的に指定場所まで配車するというものです。

事前に詳細な登録をせずに支払いは従来通りに行う方法と、あらかじめ利用者登録を行いネット決済を使って支払いまで済ませてしまう方法から選択できます。筆者もこのアプリはよく使っていますが、混雑時にはなかなか配車されないことがあるものの、総じてサービスの水準は高く、ビジネスマンを中心に利用者が増えているそうです。

川鍋氏はタクシー業界に自動運転技術が普及すると、これが広告と結び付き、やがて無料タクシーのサービスが登場すると予測しています。

つまり、ＩＴインフラと自動運転技術を融合することで、スマホなどのデバイスを介して一定の個人情報を提供したり、動画広告の閲覧、アンケートの記入などを了承する代わりに、無料で自動運転のタクシーを利用できるという新しいビジネスモデルが成立する可能性があるのです。

ここまで来るとタクシーは輸送のビジネスではなく、グーグルなどネット企業がカバーするネット広告ビジネスという領域になってくるでしょう。グーグルが自動運転にこだわっているのもこうした理由からです。

日本交通など先進的なタクシー会社は、今のうちに値下げを実施して近距離輸送の顧客を囲い込んでおき、一気に自動運転タクシーにシフトするという戦略を描いているのかもしれません。

ちなみに川鍋氏は、こうした先進的な取組みを行う一方、政治力を使ってウーバーのような新しい企業の参入を阻んでいるともいわれます。シェアリング・エコノミーが完全普及するまでに時間を稼いでおこうという作戦であり、なかなか抜け目がありません。

新しいテクノロジーが登場してくると、一定割合の人は拒絶反応を起こし、政治的にこれを食い止める動きも出てきます。しかし、技術の進歩を止めることは事実上、不可能であり、便利な技術は必ず社会に普及し、人やお金の流れを変えることになります。新しい技術に対する感性は常に磨いておく必要がありそうです。

感じるポイントはここ！

- モノやサービスの値段には絶対的なものと相対的なものがあり、両者をしっかりと区別する必要がある

- 日本の携帯電話料金は、絶対値としては高くないが、相対的には高くなっている。その理由は日本人の購買力が低下しているから

- 自動車の値段は年々上昇しているが、その理由は自動車の価格はグローバル基準だから。若者が自動車を嫌いになったのではなく、高くて買えなくなったというのが現実

- タクシーの値下げとAI（人工知能）やシェアリング・エコノミーは密接に関係している

経済を感じる、その5

経済の原動力は人の気持ち（「景気」とは気持ちの景色）

それでは第1章で説明してきたことを整理してみましょう。

コンビニコーヒーとコンビニドーナツの話では、同じ経済活動でも、市場全体が拡大していくケースと、市場は拡大せず、その中でパイの奪い合いになるケースに分かれることを説明しました。

コンビニコーヒーはまったく新しい需要を生み出すことに成功しましたが、コンビニドーナツは大きな需要の開拓には失敗しています。

日本は人口が徐々に減少していますから、市場が縮小するのは当たり前だと多くの人が考えています。確かに人の数が減ってくることは経済の拡大にとって不利な条件のひとつではあります。しかし、人口が減少すると必ず経済も縮小するというわけではありません。

イノベーションによって、新しい需要を開拓することができたり、同じことをより少ない労力で提供できるようになれば、新しいビジネスが生まれ、経済が拡大する余地が出てくるのです。

所得と消費は、ニワトリとタマゴの関係

確かに今の日本には後ろ向きな出来事が多く、企業も新しいことにチャレンジするというよりは、市場の奪い合いに注力している割合が高いように思われます。多くの人が先行きを不安視して、節約志向を強めているのは、こうした経済の状況を肌で感じ取っているからでしょう。

奪い合いの市場では、誰かが得をしても誰かが損をしています。トータルで見れば、国民の所得は変わりません。しかしながら、いつ自分の富が奪われるかと皆がビクビクしていますから、所得を消費に回すことを躊躇《ちゅうちょ》するようになります。このため消費

が活発にならず、企業はますます市場の奪い合いに精を出すという負のスパイラルに陥りがちです。

所得と消費は、ニワトリとタマゴの関係です。どちらかを増やせば、どちらかが確実に増えるという関係にはなっていません。ある時はニワトリが先だったり、ある時はタマゴが先だったりします。

このところ国内の消費が低迷していることから、政府が賃上げを要請することで所得を増やし、消費を増やそうとの考えも出ています。しかし、所得と消費の関係はそう単純なものではありません。無理に所得を増やしてしまうと、別なところに影響が及んだり、物価が上昇して効果を相殺してしまうといった状況が起こります。

少々、精神論的な話になりますが、皆がお金を使おうという雰囲気にならないと、本当の意味での消費拡大のプロセスには入りません。金融理論の世界では「センチメント」という言葉が用いられますが、消費者や投資家の心理というのは、経済に極めて大きな影響を与えます。また合理主義一辺倒といわれる経済学の中にも、こうした心理面の影響を重視しようという考え方もあります。

皆がお金を使うような状況に持っていくことはそう簡単ではありませんが、決して不可能なことではありません。

経済のメカニズムについては、後ほど詳しく説明しますが、日本はこのまま縮小一辺倒だと諦めてしまうのはまだ早いでしょう。

経済学というのは実はメンタルなもの

経済の原動力が人にあるのだとすると、経済現象としてのインフレ、デフレについても、見方を変えていく必要があるでしょう。

かつて、デフレ経済が最高潮に達していた頃、デフレは諸悪の根源であり、これを脱却しなければ、日本経済の未来はないといった極端な論調がメディアを支配していました。

本章で取り上げた牛丼チェーンについては、デフレをもたらす元凶などという、妄想に近い話まで取り沙汰される状況だったのです。

当然のことですが、牛丼チェーンがデフレ経済をもたらしているわけではありません。不景気でデフレになり、賃金が下がるので、単価の安い牛丼チェーンが相対的に伸びたということであって、牛丼チェーンが経済全体の物価を引き下げているわけではないのです。

物価動向に対してクールになれないという意味では、アベノミクスが掲げたデフレ脱却も似たような文脈で捉えることができるかもしれません。

量的緩和策は、中央銀行が積極的に資金を供給することによって、市場にインフレ期待を発生させ、それによって投資を促すというものです。したがって、うまく量的緩和策を実施できれば、物価は上がり、経済は成長していくはずです。

しかし、量的緩和策の目的は、インフレ期待を発生させて設備投資を増やすことであって、インフレにすることそのものではありません。

量的緩和策がスタートした当初、設備投資が増えていないという指摘に対しては、かなりヒステリックな反発が見られました。物価が上がっているのだから、何が問題なのか?ということなのでしょう。

しかし、物価上昇率が鈍化し、量的緩和策の限界が見え始めてくると、今度は、インフレ政策のすべてが悪だといった論調が目立つようになってきました。

わたしたちは、経済に対して、もう少しクールになるべきです。

インフレ、デフレというのは、モノの価値とお金の価値が相対的にどう変化したのかを示す指標に過ぎません。もちろん物価は経済の基礎体温ではありますが、インフレ、デフレという部分について、あまり感情的になるのはよくありません。

ある意味では、ここまでインフレ、デフレで熱くなれるわけですから、経済学というものは、非常にメンタルなものだと言い換えることもできます。

しかし、本当の意味でのメンタルな作用というのは、消費者が思いきって消費や投資ができるかどうかというところで試されるべきものであり、デフレの是非について論争する部分ではありません。

心理面と現実の断絶にどう対処するのか

今、取り上げた話は、短期的なスパンでの心の動きですが、人の心理というものは、これとは別に長期的にも変化していきます。そして、長期的な人の心理状態の変化は、経済にも大きな影響を及ぼすことになるのです。

カラオケが宴会需要から1人カラオケにシフトしているのは、人の心理面での変化と無関係ではありません。心理的な変化が生活習慣やビジネス習慣を変え、それが経済活動の違いとなって顕在化してきます。

そして、こうした変化と密接に関係しているのが、新しいテクノロジーとグローバル経済です。

現代社会は、従来型価値観の大きな転換点に差し掛かっており、これが社会や経済のあらゆる面に大きな影響を与えています。

このところ日本では、人口減少から人手不足が深刻な状況となっています。景気がよくないにもかかわらず、**失業率***が史上空前の低さなのは、経済全体で人手が足りないからです。一方で、日本は女性の社会進出が遅れており、これが人手不足を加速させている面があることも否定できません。

人手が足りないことが分かっていながら、女性の社会進出が進まないのは、やはりメンタルな部分の影響が大きいと考えられます。伝統を重視する一部の人は、女性は家にいて家庭を守るべきだと考えており、女性が社会参加すると、**出生率***が下がると考えています。

感じるWord

失業率
失業者数を労働力人口で割った数値。求職活動をしていないと失業者にはカウントされないので、仕事に就けていない人の割合はさらに大きくなることがある。

出生率
一定人口に対するその年の出生数の割合を示したもの。人口1000人あたりの出生数を指すことが多い。1人の女性が一生に産む子供の数の平均を示したのが合計特殊出生率。

しかし、男性が外で働き、女性が家を守るという生活習慣は実は日本の伝統でも何でもありません。戦前の日本は、工業よりも農業など一次産業の比率が高く、男女関係なく労働に従事していました。

今でも農業を営んでいる人や、商店などを経営している人にとって、家族総出で働くことは、ごく当たり前のことです。

つまり女性が専業主婦として家を守るという生活習慣は、戦後の高度成長期に、一部のサラリーマン家庭に普及した特殊な生活習慣に過ぎません。しかし、これが日本の伝統だという一種の幻想は人々の心理に大きく影響し、今でも経済構造の変化に影響を与えているわけです。

このような心理面と現実の断絶は、今後さらに大きくなってくるでしょう。その理由は、ＡＩ（人口知能）の急激な発達によって、既存の価値観や労働のあり方が、激変する可能性が高くなっているからです。

先ほどタクシーの事例のところでは、自動運転による無料タクシーの話をしましたが、近い将来には、もっと驚くような製品やサービスが、次々と登場してくるでしょう。しかも、こうした新しいテクノロジーの発信源は残念ながら日本ではなく、海外となりそうですから、カルチャーの違いはさらに大きくなります。

今後は、感じる力をさらに敏感にしておき、新しい社会の動きにうまく対応していく必要がありそうです。

感じるポイントはここ！

- 人口が減少したからといって経済が縮小するとは限らない。イノベーションによって新しい需要やビジネスが生み出されるなど、経済が拡大する余地が出てくる

- 所得と消費はニワトリとタマゴの関係。消費を増やそうと無理に所得を増やしても、物価が上昇するなど、別なところに影響が及び、効果を得られないこともある

- 経済の原動力は人の気持ち。日本で女性の社会進出が進まないのもメンタルな部分の影響が大きい

- 今後は新しいテクノロジーの発展によって、既存の価値観や働き方が大きく変わってくる。感じる力をさらに敏感にすることが大事

2章

経済を「感じる」ための基礎知識

感じるための基礎知識、その1

「消費」と「投資」の違い、ひと言で言える？

（経済を決めるのは消費と投資）

第2章では、経済の仕組みについてもう少し詳しく掘り下げてみたいと思います。そして、経済学の分野では、経済というものをどのように捉えているのかについて解説していきます。このあたりが分かってくると、第1章で「感じた」ことがより、はっきりと自覚できるようになるはずです。

経済の仕組みを理解する上で避けて通ることができないのがGDP（国内総生産）の概念です。しかし、経済学の概念は、無味乾燥で直感的に理解しにくく、教科書を読んでもよく分からないということが多いと思います。

ＧＤＰに関する話をする前に、まずは経済学の基礎となる「消費」と「投資」について理解しておいた方がよいでしょう。

消費とは、お金で満足感や喜びを得ること

消費と投資というものを、皮膚感覚として理解できていると、経済に対する感度が上がりますし、ＧＤＰの概念も理解しやすくなるからです。

消費と投資という言葉は皆さんもよく知っていると思います。それだけでなく日常的に使っていることも多いのではないでしょうか。さらにいえば、何となく消費と投資は違うものだという認識もあるはずです。しかし、２つの意味をしっかりと区別して使っているという人は少ないかもしれません。

消費は多くの人がイメージしている通り、家電や洋服、食事や旅行など、製品やサービスに対して支出することです。

ご飯を食べると食欲が満たされますし、旅行に行くと非日常的な喜びを感じたり、新しい発見をすることができます。つまり、消費は何らかのメリットを追求して行わ

れるということになります（経済学の用語では効用と呼びます）。

消費というと、瞬間に使ってしまうというイメージがあると思います。実際、多くの消費は瞬間的に消えてしまうものなのですが、必ずしもそうとは限りません。冷蔵庫や自動車などは、そこから得られるメリットが長期間にわたって継続しますが、これも消費のひとつと認識されています。効用が長い期間継続しますから、これらは耐久消費財と呼ばれています。

後ほど詳しく説明しますが、私たちの消費は経済全体の6割を占めており、極めて重要な活動です。経済が好調なのか低調なのかは、最終的には、消費が強いのか、弱いのかにかかってきます。

投資とは、モノやサービスを生み出すためにお金を投じること

一方、投資というのは、同じお金を使うという行為でも、その意味がまったく異なります。

一般的に投資というと株式投資やＦＸ*などを思い浮かべるかと思いますが，経済学

でいうところの投資は少し意味が違ってきます。経済学での投資は、製品やサービスを生産するためにお金を投じる行為を指しています。具体的には工場の機械や店舗に対してお金を支出することです。例えば、私たちがお店をオープンすることを考えてみましょう。お店を開くには、店舗となる不動産を借りて、厨房機器や椅子、テーブルなどを購入して準備を整えなければなりません。厨房機器を購入したり、椅子やテーブルを揃えることは、食事や旅行などへの支出と同様、何らかの楽しみや満足を得るためのものでしょうか？　違うはずです。

これらへの支出は、今後、その設備を使って製品やサービスを生み出し、お金を稼ぐためのものです。つまり、将来の生産活動のためにお金を使うことを投資と呼んでいるのです。

投資は企業や自営業者の人たちだけのものではありません。サラリーマンが新築住宅を購入することも経済学では投資とみなされます。自分で投資して建てた家に、擬似的に家賃を払って住んでいる

感じるWord

FX
外国為替証拠金取引のこと。証拠金（保証金）を入れて為替を差金決済する。やり方によっては手元資金の何倍もの金額を投資できるので、その分リスクも大きくなる。

とみなしているわけです。たまたまテナントが他人ではなく、自分自身だったという扱いなので、自宅への投資は生産活動のためと解釈します。

話を単純化すると、世の中の経済活動（支出面）には、消費と投資の2種類しかありません。経済が拡大することは、消費や投資が増えることなのです。

銀行は実はお金を持っていない

では消費と投資はどのような関係になっているのでしょうか。

基本的に人は稼いだお金の多くを消費に回します。しかし、消費しなかった残りは貯蓄されます。稼ぎが多く余裕がある人は、たくさん貯蓄するかもしれませんし、稼ぎが少ない人は、貯蓄する余裕がなく、稼いだお金をほぼ全部、消費に回すでしょう。ただ社会全体で考えれば、稼いだお金の一定割合が貯蓄されていると考えてよいわけです。

では貯蓄されたお金はどこに向かうのでしょうか。

普通に考えると銀行の口座の中にあると思ってしまいますが、現実は異なります。

世の中でのお金の回り方（消費と投資）

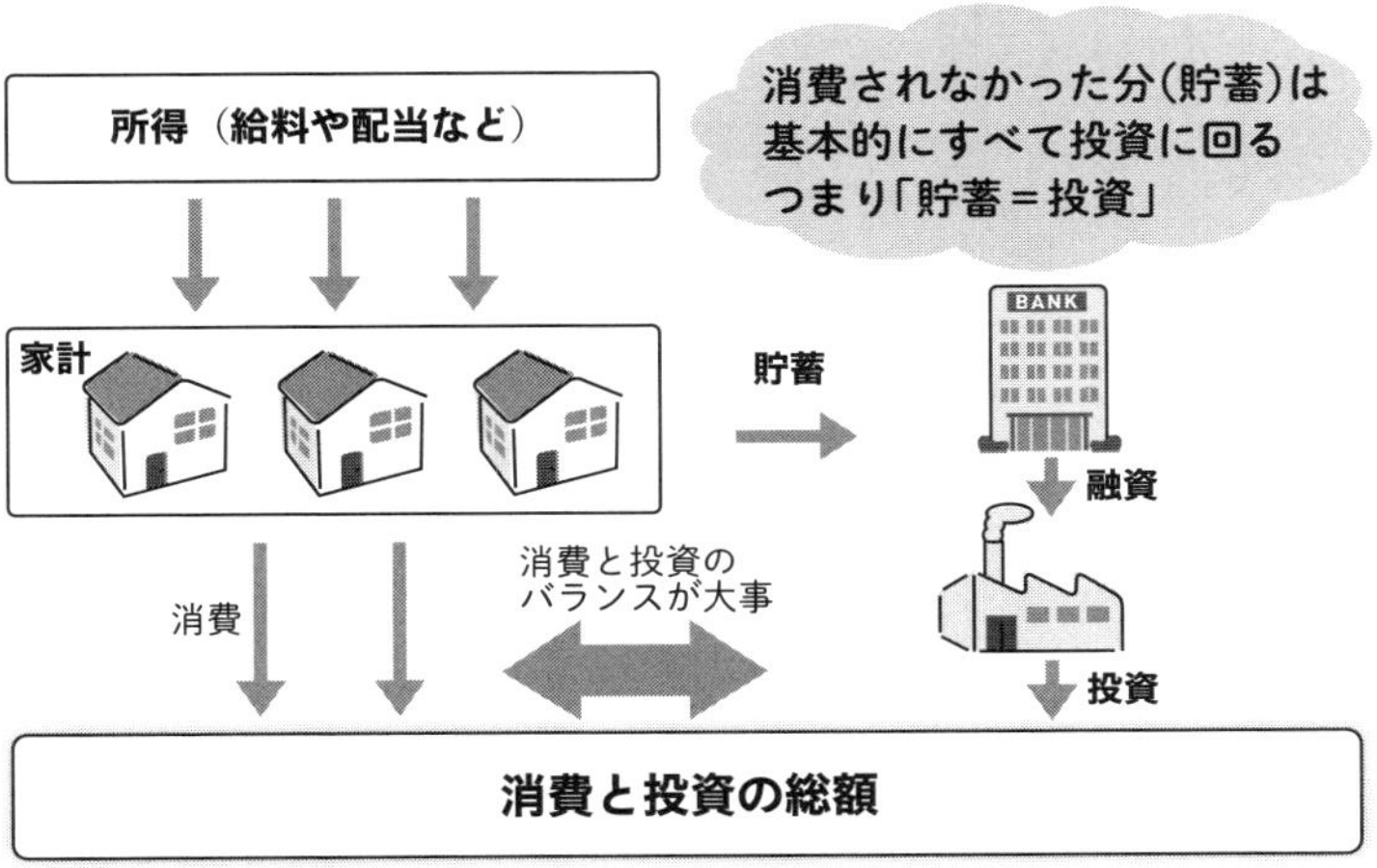

銀行は商売ですから、預金者から預かったお金を決して遊ばせておくことはしません。このお金は、融資などの形を経て企業などに提供され、そこで投資に使われているのです。

先ほど、お店をオープンする話を例に取り上げましたが、よほどお金に余裕のある人でなければ、こうした資金は銀行からの融資で調達しているはずです。銀行は貸したお金が返ってこなければ損失になりますから、一般的な消費に対しては融資を実行しません（消費に対する融資は、消費者金融など金利の高い個人向けローンなど一部に限られています）。

しかし店舗設備や工場の機械など、投

資に対して銀行はお金を貸します。その理由は、将来、その投資がお金を生み出す可能性があるからです。

このようにして、個人が消費せずに貯蓄したお金は銀行が融資などの形で投資に回していきます。原則として預かったお金は何らかの形で投資に回りますから、消費されなかった分はすべて投資されていることになります。

経済学では、貯蓄＝投資になるという話がよく出てくるのですが、それは、消費の残りが貯蓄され、投資に回っているからです。

良好な経済状態は、消費と投資のバランスがカギ

社会全体として稼いだお金のほとんどを消費に回してしまうと、将来、生産するための投資がおろそかになってしまいます。一方、投資の割合が高すぎると、今度は消費にお金が回らなくなり、豊かな生活ができなくなります。経済を良好な状態に保っておくためには、消費と投資がほどよいバランスになっていることが重要です。

消費と投資の最適なバランスは、その国がどのような発展段階にあるのかで大きく

変わってきます。

成長途上の国は、国内に十分なインフラがありませんから、消費よりも投資が優先されることになります。高度成長期の日本や現在の中国は、消費よりも投資が活発です。中国では、全体の経済活動のうち、約4割が設備投資などの投資となっています。現在の日本における投資の割合は約2割ですが、1970年代にはこの割合は現在の中国と同様、4割近くに達していました。

一方、米国など社会の成熟化が進んだ国では、消費の割合がさらに上がってくることになります。米国は全体の7割程度が消費で占められています。

その国の発展段階に合わせて、最適な消費と投資の組み合わせができれば、経済はうまく回っていきます。

感じるポイントはここ！

- 世の中の経済活動（支出面）には、消費と投資の２種類しかない。消費と投資が増えることが、経済が拡大すること

- 銀行口座にあるお金（貯蓄）は、銀行が融資の形で投資に回している

- 経済を良好な状態に保つには、消費と投資がほどよいバランスになっていることが重要

- 消費と投資の最適な組み合わせは、国の発展段階によって大きく異なる

感じるための基礎知識、その2

GDPって何なのか知ってますか？

（GDPを構成する3要素）

これまで、人は稼いだお金の一定割合を消費し、残りを貯蓄するという話をしてきました。貯蓄されたお金は、原則として銀行を通じて企業などに融資され、そのお金は設備投資に充当されることになります。

ここで重要なのは、貯蓄というのは消費されなかったお金のことを指しており、貯蓄は基本的にすべて投資に回っているという点です。つまり貯蓄＝投資という関係が成り立っているのですが、この考え方は非常に大事ですから、よく覚えておいてください。

現実には、貯蓄と投資が必ずしも一致するわけではありません。銀行は預金者から集めたお金を余すところなく融資できるとは限りませんし、企業はお金を借りても、投資を躊躇することもあります。

こうした個別の話を考慮に入れてしまうとキリがありませんから、マクロ経済の世界では、貯蓄はすべて投資に回っているとして話を進めていきます。また、それでだいたいの経済活動については説明することが可能です。

個人に加えて政府もお金を支出している（＝政府支出）

これまでは、社会の中でお金を使う立場として、家計と企業の2つしか想定していませんでしたが、もうひとつだけ巨額のお金を使う立場の存在があります。それは政府です。

政府は所得を得た国民から税金という形でお金を徴収して、それを政府支出という形で消費もしくは投資します。国民の所得が原資になっているという意味では、貯蓄が投資に回る経路と似ています。しかし、貯蓄はあくまで個人の自由意志で行い、銀行は**自由競争***の結果として、融資先を決定しています。つまり貯蓄が増えたり減ったり、言い換えれば、投資が増えたり減ったりするのは、経済状況に応じて人々が行動を変えるからです。

したがって貯蓄や投資の動向がどう変化しているのかを知ることは、経済の動きを知る上で非常に大事なことです。本書のテーマは「感じる経済学」ですが、経済学を感じる上でも、投資の動向は極めて重要な意味を持っています。

一方、税金は国家権力による強制的な徴収ですから、個人の意思とは関係なくお金が動きます。このため経済の動向と政府支出によるお金の動きには乖離が生じることになります。

この乖離をうまく利用すれば経済対策になります。

つまり景気が悪く、皆がお金を使わない時に、政府が積極的にお金を使うようにすれば、景気が上向く可能性があります。こうした政策を一般的には財政出動と呼んでおり、公共工事などはすべてこの部類に入ります。

感じるWord

自由競争
政府による規制や干渉がなく、自由に経済活動が行われている状態のこと。もっとも効率が良いが、行き過ぎると弊害も出てくる。

一方、政府支出が経済の動きと乖離していることによるデメリットもあります。本来であればお金を投じても意味がないところにも、延々と支出ができてしまいますから、やり方を間違うと、お金の流れを非効率なものにしてしまいます。これは経済活動全体に対して逆効果です。

いずれにせよ、現代社会において政府支出の影響は非常に大きいですから、経済の動きを考える上では、政府の存在を無視することはできません。

今の話を先ほどの図に付け加えてみましょう。家計の所得から銀行を経由して投資に回る経路に加え、家計の所得から税金という形で政府にお金が徴収され、政府がお金を消費（投資）するという、新しい経路が加わります（次ページ図）。

先ほどは、景気を良くするためには、消費と投資のバランスを考えながら全体の支出額を大きくしていく必要があると説明しました。ここに政府が加わった場合には、消費と投資、そして政府支出のバランスを考えながら、総支出額を大きくしていく必要があります。

ちなみに支出額を大きくすればよいからといって、ただモノやサービスの値段を上げればよいというわけではありません。値段が倍になっても、世の中で取引されるモ

政府が加わった場合のお金の回り方とGDPの仕組み

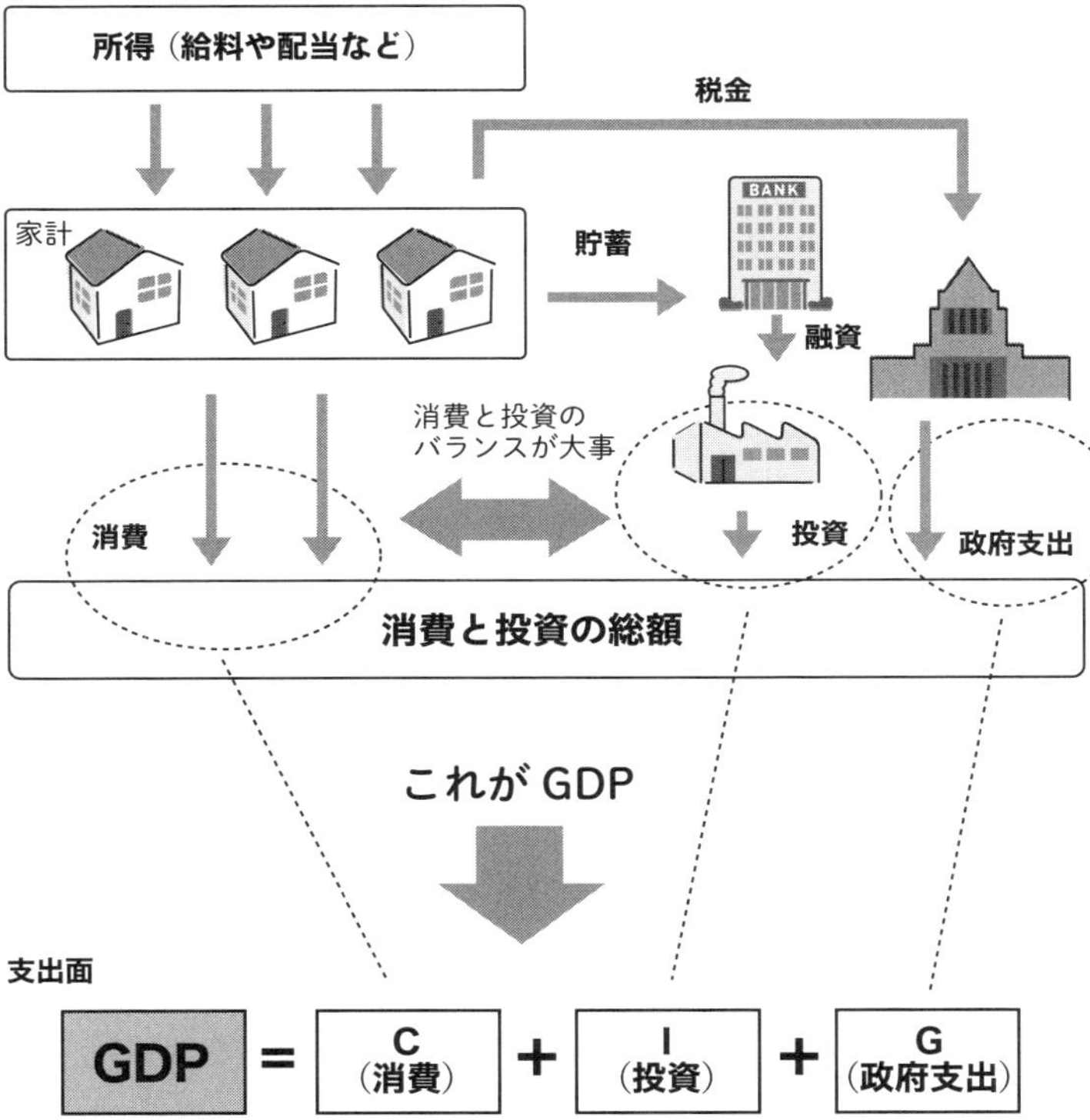

GDP（支出面）は消費・投資・政府支出で構成されている。
経済を良くするということは、消費・投資・政府支出をバランスよく、拡大させるということ。

ノやサービスの量が変わらなければ経済活動に変化はありません。それはモノの値段が上がるという現象、つまりインフレが起こっているに過ぎないからです。

支出額を多くするのであれば、金額を高くするのではなく、1個だった購入を2個にするといった具合に、生産や販売の量を増やすことが重要です。経済学の用語で「実質」というものがありますが、これは物価の影響を排除したもの。つまり、純粋に数量ベースでの比較を行っているという意味になります。

経済の登場人物は、お金を払う人、受け取る人、モノを生産する人

消費、投資、政府支出という3つの役者が出揃ったところでGDPの話にもどります。GDPは、消費（C）と投資（I）、政府支出（G）を足し合わせたものとして定義されています。つまり式に表せば以下の通りです。

$$GDP = C + I + G$$

現実には、これに輸出入が加わるのですが、とりあえず経済の仕組みを理解する上では、この式を頭に入れておけば大丈夫です。

このGDPの定義は、お金を支出するという面に着目したものです。お金を支出した家計や企業が存在するなら、そのお金を受け取った家計や企業が存在しています。そして、経済全体でみれば、それは同じ登場人物で構成されています。つまり、お金を支出する人と製品やサービスを提供する人、そしてそこで得られた利益を給料などの形でもらっているのは、皆、同じ人たちです。

これは同じ経済活動を、お金を使う立場（支出面）、モノやサービスを提供する立場（生産面）、受け取った対価をもらう立場（分配面）、という別々の立場から眺めたものに過ぎません。3つの面はすべて同じことを示していますから、3つの数字は理論的には完全に一致するはずです。これをGDPの三面等価と呼びます。

三面等価の話はいろいろと掘り下げていくと面白いのですが、とりあえずGDPのことを理解するためには支出面に着目していれば大丈夫です。GDPのことを解説した経済記事や政府からのGDP統計の発表も、基本的には支出面を中心に行われています。

経済の分析に関する話や経済政策の話では、いろいろと難しいキーワードが出てきますが、最終的には、ここで取り上げた、消費、投資、政府支出をどう変化させ、最終的な取引量を多くするのかについて議論しているだけです。

もちろん、現実の経済はそう簡単ではないのですが、話を必要以上に難しくする必要はありません。どんなに専門的なレベルになっても、経済というのは、消費、投資、政府支出の3つの話に集約されることに違いはないのです。

感じるポイントはここ!

- 貯蓄とは、消費されなかったお金のことであり、貯蓄は基本的にすべて投資に回っていると考える。マクロ経済では、貯蓄＝投資と考えてよい

- GDPの定義は、消費（C）と投資（I)、政府支出（G）を足したもの
  GDP＝C＋I＋G

- お金を払う、お金を受け取る、モノを生産するという行為は、同じ経済活動を異なる立場から眺めたものに過ぎない。これをGDPの三面等価と呼ぶ

感じるための基礎知識、その3

GDPを知るとお金の回り方が見えてくる

（家計の所得が経済のスタートライン）

ＧＤＰの定義が分かると、世の中でお金がどのように回っているのか、俯瞰《ふかん》的に見られるようになってきます。こうした見方ができると、経済を身近に、そして具体的に感じることができるようになりますし、何より、ビジネスや投資を有利に進めることができます。

先ほどの図でも説明したように、世の中にお金が回る源泉は家計の所得です。企業が得た利益も、最終的には給料や配当という形で家計に入ってきますから、ここがすべてのスタートラインとなるわけです。

家計に入ったお金は、衣食住を中心とした消費に支出され、ふたたび、社会に出回り、最終的にはまた家計の所得として戻ってきます。しかし先ほどから説明している通り、家計は入ってきたお金のすべてを消費するわけではありません。一部は銀行などに貯蓄することになり、経済全体で見ればこれが投資に回るお金の原資となります。

つまり同じ金額の所得があっても、そのうちの何割が消費に回り、投資に回るのかは事前には分からないということです。そしてどの分野にお金が使われたのかによって、その後の経済的な動きは大きく変わってきます。

消費は影響力が大きいが、なかなか動かないのが特徴

GDPの項目の中でもっとも大きな割合を占めるのが消費（C）です。日本のGDPは約500兆円の規模がありますが、消費の占める割合は約6割となっており、金額では300兆円にもなります。

消費は非常に巨額ですから、経済の状況は、消費動向に大きく左右されることになります。最終的に景気がどうなるのかは、消費次第と考えてよいでしょう。

このように消費は経済に対して極めて大きな影響力を持っているのですが、その一方で、動きが鈍いという特徴もあります。消費は巨大な山のような存在であり、そうそう簡単には増えたり減ったりしないのです。

この話は身の回りの支出を考えてみればよく分かると思います。

消費の中には、生活をしていく上で、どうしても支出しなければならないものと、そうでないものに分かれます。日々の生活に欠かせない衣類や食品などは、景気の動向にかかわらず、一定金額を支出しなければなりません。

一方、高価な食事や旅行などへの支出は、何かの記念や自分へのご褒美といったタイミングで支出することも多く、日常的なものではありません。こうした支出は景気の動向に大きく左右されることになります。ボーナスをたくさんもらった年は多く支出するかもしれませんが、ボーナスが減らされた年はかなりの節約モードになっているでしょう。

よほどのお金持ちでなければ、働いて稼いだ額のかなりの割合が、基礎的な消費に消えているはずです。

お金が有り余っているような富裕層は非常に少ないですから、世の中全体で考えると、消費のほとんどは基礎的な消費ということになります。したがってこうした消費は短期間で大きく上下変動することはありません。

消費が巨大な山のような存在といったのはそのような意味からです。

逆にいうと、景気の先行きが非常に悪い状況になると、人々はこうした基礎的な消費すら控えるようになってきます。そうなってくると、経済へのマイナスは計り知れないレベルになってくるのです。つまり消費が落ち込むような状況になった時には、景気の動向はかなり深刻と考えて差し支えありません。

投資は将来の稼ぎのための支出

消費という支出はその場で消えてしまう支出ですが、投資（I）は少し性質の異なる支出です。

投資は、将来お金を稼ぐための支出ですから、投資が行われるのかどうかは、景気の見通しに大きく左右されます。状況によって投資は増えたり減ったりしますから、短期的にも景気に対して大きな影響をもたらします。

先ほども説明したように、投資は多ければ多いほどよいというほど単純なものではありません。投資と消費がどうバランスをとればよいのかは、その国の発展状況によって異なります。

高度成長期の日本や現在の中国など、モノやサービスが少ない発展途上の国は、需要はあるのにそれを満たす製品やサービスはないという状況です。このため、モノやサービスを生産するための設備投資にたくさんお金が回ることは経済全体にプラスの効果をもたらします。

投資が行われると、それによって家計の所得が増え、潜在的な需要が大きくなります。続いて、工場で生産された製品が、今度は家計でたくさん消費されますから、相乗効果でＧＤＰはどんどん拡大していくわけです。

しかし欧米各国や現在の日本は、豊かな成熟国家であり、すでに十分なモノが存在しています。こうした社会では、無理に生産を拡大する必要はなく、質の高いサービスなど、高度な消費が増えることで、むしろＧＤＰが拡大します。投資よりも消費の重要性が高いわけです。

つまり先進国と途上国とでは経済構造が異なり、所得がどのような分野に向かうのかという経路も異なってくることになります。

ただ、投資によって作られる設備や機器というものは、将来の生産につながるものですので、いくら成熟国家であっても、経済が順調な国は投資の金額が着実に増加しているはずです。その国の経済状態に合った適切な投資水準を維持できた国が順調な経済成長を実現できると考えてよいでしょう。

投資は、消費に比べて動きが速いのが特徴

ちなみに、現在の日本では年間100兆円ほどの投資が行われています。GDP全体は約500兆円ですから、投資の割合は全体の約2割となっています。

300兆円の消費と比較すると投資の割合は低いですが、消費に比べて投資の動きは俊敏ですから、景気に対して大きな影響を与えます。このため、エコノミストなど経済の専門家は、投資の動向がどうなっているのかについて、常に注意を払っています。

投資は**生産設備***に関するものが多いという特徴があり、投資が増えてくると、機械

などの受注が伸びてきます。内閣府から毎月公表されている機械受注の統計には多くの専門家が注目しているのですが、それは機械の受注動向が景気の**先行指標***となるからです。

日本ではこのところ不景気が続いていますが、設備投資が伸びていないのがその理由のひとつといわれています。企業は何らかの理由から景気の先行きを不安視しており、積極的に設備投資に踏み切れない状況であると考えられます。詳しくは後ほど解説しますが、日銀が行っている量的緩和策という金融政策も、実は設備投資を増やすための施策のひとつなのです。

政府支出は、恣意《しい》的に操作できるのが特徴

消費と投資に加えて、経済全体の動きを理解するためには、政府支出（G）についても考慮に入れる必要があります。

現在、日本の政府支出は年間約100兆円です。設備投資とほぼ

感じるWord

生産設備
製造業において製品を作る目的で設置される機械類や各種装備の総称。一例として半導体製造装置やNC旋盤などがある。工場全体のことを指すこともある。

先行指標
景気の動向を示す指標のうち、実際の景気変動に先がけて動く指標のこと。実際の景気に遅れて動く指標のことを遅行指標と呼ぶ。

同じ水準ですから、景気への影響も小さくありません。

政府支出の最大の特徴は恣意的に増減ができるという点です。

国債を発行して借り入れを行わない限り、政府支出の原資は税金なので、税金の徴収と政府支出の実施は、お金の流れを大きく変えることになります。また国債を使って資金を調達した場合でも、政府が決断すれば支出が行われますから、民間企業のように市場動向に左右されることはありません。

このため財政出動の強化は景気対策としてよく用いられます。

景気が悪い時にあえて政府支出を増やし、その分だけ意図的に需要を増やしてGDPを増加させます。ただこれをやり過ぎてしまうと、政府の借金が増えてしまうことになります。また、支出した先が適切でなかった場合には、思ったほどの効果を得られないこともあるでしょう。

以上が消費（C）と投資（I）、そして政府支出（G）の概要です。この3つが分かると、経済ニュースもかなり輪郭がはっきりしてくるはずです。

今の景気はどうなっているのか？

内閣府は四半期ごとにGDPの速報値と呼ばれる数字を発表しています。

2016年11月14日に、2016年7～9月期におけるGDPの数字が発表されましたが、それによると、個人消費（民間最終消費支出）は前期比プラス0・1％、設備投資（民間企業設備投資）は前期比横ばい、政府支出（政府最終消費支出）はプラス0・4％でした。

これは、GDPを構成する消費（C）、投資（I）、政府支出（G）の各項目が、それぞれ前の四半期と比べて何％増減したのかを示しています。この時点では、個人消費がわずかに増えましたが、設備投資は停滞していることが分かります。そして政府支出は多少増加しました。

この発表を受けて、日本経済新聞では、個人消費について以下のように解説しています。

「個人消費や設備投資は相変わらずさえない。賃金は増えているのに、消費に回さない家計の姿が浮かび上がる」

また設備投資については、以下のような説明です。

「収益が伸び悩む中、企業が設備投資を様子見している」

消費に勢いがなく、世界経済に対する不透明感が増しているので、企業が設備投資に慎重になっているという解説です。記事では言及していませんでしたが、政府支出によって何とかGDPを保っている様子がうかがえます。

経済の根幹を成している消費がさえず、景気に対して敏感な設備投資は横ばいという状態ですから、現在の日本経済はかなり停滞モードになっていることが分かります。

政府は経済は順調に拡大しているというスタンスですが、実際に発表されている数字を見るとそうではないことが分かります。

感じるポイントはここ！

- 経済のスタートラインは家計の所得。経済の動向は、家庭の消費次第である

- 政府支出は意図的に操作できるため、民間企業のように市場動向に左右されることはないが、支出の実施が適切でないと、経済の悪化を招く恐れもある

- 消費が鈍く、投資も横ばいの今の日本経済はかなりの停滞モードである

感じるための基礎知識、その4

経済の主役《キーパーソン》は誰だ？（経済の動きは投資で決まる）

消費と投資、政府支出について分かったところで、今度はこれらが具体的にどのような動きをするのかについて考えてみましょう。

投資は金利によって変化する

先ほど消費は、経済の中で大きな割合を占めるものの、なかなか動きにくい項目であるという話をしました。それに対して投資は景気の先行きに敏感に反応します。

経済学の世界では、こうした現実を反映し、家計は所得の一定割合を消費し、残りは貯蓄されると仮定して分析するケースが多くなっています。消費の水準はGDPに比例して多くなると考えるわけです。

現実には消費も状況に応じて様々な動きを見せるのですが、物事をあまりにも複雑にしてしまうと分析がやりにくくなってしまいます。このため経済学では一定の仮定条件を置いて話を単純化するということがよく行われます。

消費（C）の水準がGDPに比例して多くなってくると仮定した場合、消費がそれ以外の要素で変化するということはなくなります。GDPが大きくなれば消費はその分増えるだけですから、景気の動向を決めるのは政府支出（G）と投資（I）ということになるわけです。政府支出についても景気対策を行わなければ、とりあえず一定額のままですから、景気を左右するのは、投資という結論になります。

では投資は何によって変化するのでしょうか？

経済学の世界ではそれは**金利**＊であるとされています。

感じるWord
金利
市場でお金を貸し借りする際にやり取りされる賃借料のこと。簡単に言えばお金のレンタル料。金利水準は将来の景気や物価の見通しに大きく左右される。

シンプルにモデル化するとGDPは投資で決まる

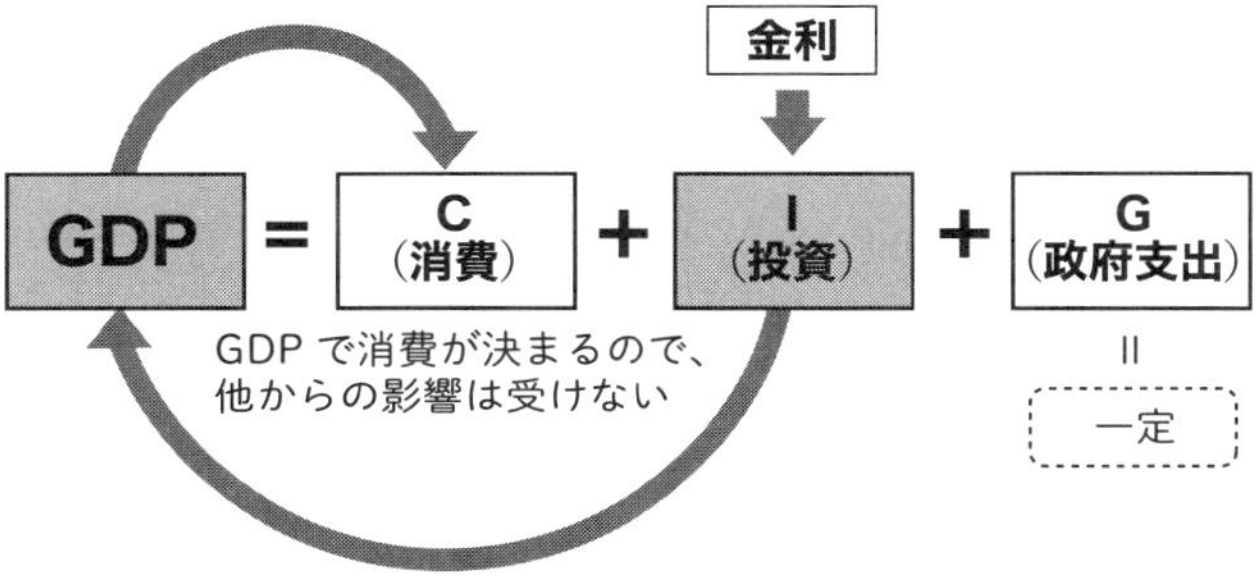

企業は銀行からお金を借りて工場などの設備投資を行います。お金を借りると金利が発生しますから、金利が高いと企業はお金を借りたがりません。逆に金利が安いと企業は積極的にお金を借りて設備投資を実行しようとします。

経済学の世界では、金利が下がると、企業がお金を借りやすくなり、景気が拡大すると考えているわけです（図）。

この話は短期的なものですが、長期的にも同じことが言えます。

設備投資は今後、数年から十数年かけて企業が製品やサービスを生産していくための支出です。このような投資の中には、高度にＩＴ化されたものなど、イノベーションと深く関係するものも含まれます。画期的な設備に対する投資が多ければ多いほど、将来の生産性は高まっていきますから、長期的にも経済にプラスの影響を与えることになるわけです。

では、投資が金利で決まるのだとすると、金利は何によって決まるのでしょうか。これはなかなかの難問で、金利水準が何によって決まっているのかを正確に特定することはプロでもかなりの難題です。

しかし、確実に言えることは、金利というものは経済の将来見通しに大きく関係しているということです。

最終的に金利を決めるのは人の心理

金利の水準は、最終的にはその国の経済成長率と同じになるといわれています。景気が順調に拡大すると皆が思えば、金利は上昇しますし、不景気が続き、経済が拡大しないと皆が思っていると、金利は低くなります。

日本では過去20年間、低金利が続いてきたわけですが、それは皆が景気の先行きは暗いと感じていたからです。そして実際に、日本経済はほとんど成長できないまま20

年が過ぎてしまいました。金利の見通しは合っていたわけです。

この話は、金利が安いと企業は設備投資を積極的に実施するという話と少し矛盾します。金利が安いと設備投資を増やすという話はあくまで短期的なものであり、ここでは長期的な話をしています。

しかし最終的には、長期と短期についても整合性が取れてくることになります。

なぜなら、いつまでも景気が悪い状態であり続けるということは通常はあり得ないからです。金利が安くて銀行からお金が借りやすくても、経済の見通しが暗ければ企業は設備投資を行いません。

しかし、景気低迷が長く続いていると、そろそろ不景気も底ではないかと考える企業も増えてきます。こうしたタイミングでさらに金利が下がるようなことになると、そろそろ思い切って投資をしてみよう、と考える経営者が出てきてもおかしくありません。

こうした行動によって投資が増え、それが呼び水になって景気が拡大に転じるということは十分に考えられます。

このあたりになると、人間の心理というものが極めて大きな影響力を持つようになってきます。経済は最終的に人の気持ちで動くという話は、本書の主要テーマのひとつなのですが、経済成長のカギを握る投資の決断が、最終的には人の心理で行われるという現実を考えると、この話はとても重要であることがお分かりいただけると思います。

この件については、後半でさらに詳しく説明したいと思いますが、経済学ではとりあえず投資の動向が経済を動かすというところをよく覚えておいてください。

感じるポイントはここ！

- 経済学では、話を単純化するために、「消費はGDPに比例して多くなる」という仮定条件のもと分析を行う

- GDPが大きくなれば消費は増えると考えたとき、景気の動向を決めるのは政府支出と投資となる

- 政府支出は、恣意的な操作により決まるので、景気対策が行われなければ、景気を左右するのは投資となる

- 景気を左右する投資は金利によって変化し、金利は人の心理で大きく変わる

感じるための基礎知識、その5

経済政策とは無限のパズルから最適の解を探し出すこと（恒等式なので単純ではない）

先ほどは、ＧＤＰの水準を決めるのは投資であるという話をしました。消費はなかなか動かないものですが、投資の水準は金利の動向や景気の見通しに敏感に反応しやすいからです。

ＧＤＰというものが、消費、投資、政府支出の3つで決まるのであれば、どれかを意図的に増やせば経済は拡大するのではないかと思えてきます。現実にそのような試みは行われており、政府支出（Ｇ）を増やすことで景気を拡大させようという景気対策が毎年のように行われています。

ところが、公共事業を行っても、なかなか思ったような効果が得られないということも少なくありません。それは、消費、投資、政府支出の関係が見た目ほど単純ではないからです。このあたりが経済の難しいところであり、景気対策がなかなか効果を発揮しない理由でもあります。

せっかく景気対策を行っても効果が半減

この章では、GDPについて、消費、投資、政府支出の3つで構成されると解説してきました。繰り返しになりますが、式にすると以下の通りになります。

GDP＝C＋I＋G

ここで、政府支出（G）を増やせば、その分だけGDPも増えそうに思えます。しかし、そうしたことが実現するのは、Gを増やしても、CやIの数字が変わらない時だけです。つまり、CとIが数学で言うところの定数であれば、Gを増やせば、それは、そのままGDPの拡大につながります。

しかし現実の経済の動きはそう単純ではありません。どこかの項目を増やしたり、減らしたりすると、別の項目が増えたり減ったりする可能性があるのです。その関係性は状況によって変化しますから、一律ではありません。

したがって教科書に記されているGDPの式では、どうすれば経済が拡大するのかまでは分からないのです。

先ほどの例にしたがって、政府支出（G）を増やしたケースを考えてみましょう。

確かに政府支出（G）を増やすと、その分だけ支出が増えますから、GDPの金額は大きくなります。しかし政府支出を増やすためには、増税する必要があり、その分だけ家計の所得は減ってしまいます。所得が減った分だけ、政府はお金を支出することになるので、お金はめぐりめぐって再び家計の懐に戻ってきます。トータルで見た場合、家計の所得が減っているわけではありません。

しかし、家計の一部は増税と聞くと不安になり、消費を控えることは十分にあり得ます。このため、消費（C）が減ってしまうという可能性が出てくるわけです。

こうした事態を防ぐために、公共事業のほとんどは増税ではなく、国債を発行して行われます。これは政府の借金ですので、現時点で国民からお金を徴収するわけではありません。銀行に貯蓄された所得の一部が国債に回るわけです。

しかし、ここでも問題が出てきます。

国債を大量発行すると、市場で国債が余るようになってきます。そうなると、国債の金利が上昇してくるのです。国債がたくさんあると、なかなか国債が売れませんから、金利を上げて売ろうとするわけです。

金利が上昇すると、今度は、それが別の分野に影響を及ぼします。それは企業の設備投資です。

設備投資の多くは銀行からお金を借りて実行します。金利が上がってしまうと、企業はより多くの利子を返済する必要が出てくるので、場合によっては投資を躊躇するようになります。これによってGDPのもうひとつの項目である投資（I）が減少する可能性が出てくるのです。

そうなると、せっかく政府支出の増加で経済を拡大しようとしたのに、今度は投資（I）が減少して、その効果を相殺してしまいます。

これを経済学の用語では「クラウディング・アウト」と呼んでいます。

いくら金利が低くても誰もお金を借りようとしない時がある

財政出動ではなく金融政策で景気を刺激するという方法もあります。

現在、日銀は量的緩和策という金融政策を行っていますが、これは、中央銀行である日銀が大量の国債を買い取り、市中にお金をたくさん供給するというものです。

市中に大量にマネーが提供されると、お金が余り気味となります。お金がたくさん余っていると、高い金利を払ってお金を借りる人が少なくなりますから、金利が下がってきます。金利が下がると今度は逆にお金が借りやすくなり、企業は設備投資を増やし始めます。これによって景気が拡大するというメカニズムです。

しかし、この方法にも欠点があります。金利が一定以下になってしまうと、それ以上金利を下げることができず、投資が増えないという状況に陥ってしまいます。これを経済学の世界では「流動性の罠《わな》」と呼んでいます。

これは不景気の最中に住宅ローンを組む時の金利を思い浮かべてみれば想像がつくと思います。企業は、銀行からお金を借りて設備投資を行いますが、個人が住宅ローンを組んで家を買うこともまったく同じです。

金利が3%だったと仮定した場合、もしここから金利が半分に下がった時のインパクトはとても大きいはずです。3%の金利が1・5%に下がればローンを組む人の負担は大幅に減ります。将来が多少不安でも、これをチャンスにローンを組んでみようかな、という人も出てくるでしょう。

しかし、金利がすでに0・2%に下がっているとしたらどうでしょうか。

ここから金利が半分になっても0・1%です。確かに半分ですが、3%の金利が1・5%になったことと比較すると、それほどのインパクトはありません。

このように金利が低くなりすぎてしまうと、それ以上、金利が下がってもお金を借りようとせず投資が増えないという状況に陥ってしまいます。

日本では低金利が長く続いていましたから、まさに、こうした状況で投資が増えていなかったのです。そこで日銀が採用した戦略は、さらに大量の資金を市中に供給し、インフレ期待を起こすという大胆なものでした。

インフレ期待というのは、皆が物価が上がると思っている状態のことを指します。

物価が上がると、株や不動産に投資をした方が儲かりますから、ここで投資の資金が動き始めると考えたわけです。

量的緩和策は、当初は市場にインフレ期待を発生させ、株価や不動産価格が上昇。為替は一気に円安となりました。円安によって輸入物価も上がり、実際にインフレが起こるのではないかと多くの人が予想するようになりました。

ところが途中から物価の上昇率は鈍化し、最近では前年同月比でマイナスになる月も出るようになっています。

このため、市場では積極的に設備投資を増やそうという状況にはなっていません。先ほど、２０１６年７～９月期のＧＤＰに関する報道で、設備投資が伸びていないという記述について説明しましたが、残念ながら予想していた効果は得られていないのが現実です。

このように、ＧＤＰを構成する３項目のうち、どれかを増やそうとしても、他の項目に影響してしまったり、思ったようにその項目を増やせないといった事態が発生します。このため、見た目ほどには、簡単に経済を動かすことはできないのです。

こうした無限とも思われるパズルの中から、最適な組み合わせを探そうというのが、現実の経済政策ということになります。

感じるポイントはここ!

- 恣意的に操作できる政府支出を増やせば、GDPが拡大するように考えられるが、現実の動きは違う

- 政府支出を増やすには増税の必要があり、それにより家計の消費が減る可能性が高まる。そのため、政府は増税ではなく、国債を発行して国民からお金を徴収する策をとる

- 国債を大量発行すると市場に国債が溢れ、国債を売るために金利が上がる。金利が上がると、企業は設備投資を躊躇するようになるため、投資(I)が減少する

- 経済の拡大を狙って、景気対策を行った結果、消費や投資が減少して、効果を相殺してしまうことを「クラウディング・アウト」という

感じるための基礎知識、その6

モノの値段は何で決まるのか？（物価と貨幣の総量）

インフレ期待という言葉が出てきたので、ここでは少しモノの値段について考えてみたいと思います。

量的緩和策はインフレ「期待」に訴えかける政策

経済学の分野では貨幣数量説という考え方があり、全体的な物価の水準というのは世の中に出回っている貨幣の総量で決まるとされています。現時点の経済活動に必要なお金の量に対して、市中に出回っているお金の量が多い場合には、相対的にお金の価値が低くなりますから、物価は上昇します（インフレ）。

逆に、必要なお金の量に対して、市中に出回っているお金の量が少ない場合には、お金の価値が高くなりますから、逆に物価は下落します。これをデフレと呼びます。

もっとも、貨幣数量説というのはひとつの考え方で、物価が決まる要因は、主にモノの側にあるとする考え方もあります。しかし、おおまかには市中に出回っているお金の量で、全体の物価が決まるとみて差し支えありません。

この考え方は、量的緩和策の基礎となっているものです。

量的緩和策では、日銀が大量の国債を購入し、市中にお金をバラ撒きます。同じ経済状態であるにもかかわらず、お金の総量が増えることになりますから、多くの人が物価が上がる、つまりインフレになることを予想します。

インフレになった場合、現金を持っている人は損をします。今年100円で買えた商品が、来年は105円出さないと買えないということになれば、多くの人は現金の保有をやめ、投資でお金を増やそうとするでしょう。

これによって、お金が回り始め、実体経済も活性化していくことになります。

お金をたくさん刷っただけでは、ただインフレになるだけですが、インフレになるという予想をうまく市場に伝達できれば、人は投資などに積極的になり、結果として経済も成長するという仕組みです。これが、アベノミクスが行ってきた量的緩和策の基本的な仕組みになります。

つまり量的緩和策は人々の期待に訴えかける政策であり、心理的な側面の強いものです。また、モノの値段というものも、絶対的な存在ではなく、人の心理をうまく反映させたものなのです。

量的緩和策の生みの親が間違いを認めたという話の虚実

２０１６年末、モノの値段についての興味深い論争がありました。

アベノミクスの理論的支柱と言われ、内閣官房参与を務めている浜田宏一エール大学名誉教授が、金融政策の誤りを認めたと話題になったのです。

浜田氏が誤りを認めたとされているのは、２０１６年11月15日に日本経済新聞に掲載されたインタビュー記事なのですが、その中で浜田氏は、「デフレ脱却には金融政策だけでは不十分だったのか」という記者の質問に対して、「私がかつてデフレはマネタリーな現象だと主張していたのは事実で、学者として（中略）考えが変わったことは認めなければならない」と発言しました。

量的緩和策に反対する人は、浜田氏のこの発言をとらえ、量的緩和策の誤りを認めたものだと指摘しました。

浜田氏が言及したのは、先ほど説明した貨幣数量説的なデフレ解釈のことと考えられます。量的緩和策は、貨幣数量説に立脚していますから、この政策を推進している人は、基本的に貨幣数量説に賛同していると思って差し支えありません。

物価の下落が、経済規模に比して貨幣の量が少なすぎることに起因しているのであれば、貨幣を増やすことで状況を改善することができます。つまり、量的緩和策でマネーを市中に供給すればデフレを脱却できるというわけです。

現実には、浜田氏や日銀の黒田東彦《はるひこ》総裁も認めているように、当初はデフレ脱却に成功したかに見えたものの、その後は、原油価格の下落や消費増税などによって思ったほどには物価は上がりませんでした。

純粋な貨幣数量説に立てば、原油価格といった個別の財の価格変化によって全体的な価格水準が決まることはありません。ところが浜田氏は、物価は貨幣の数量以外の要因でも動いたと認めていますから、確かに学術的な解釈としては誤りだったということなのかもしれません。

ただ、現実社会において、全体の物価水準が個別の財の影響をまったく受けないということはなく、ましてや、金融政策だけが有効ということもあり得ません。これは多くの人たちに共有されている考えといってよいでしょう。

浜田氏の発言は、デフレはすべて貨幣現象であるという部分について誤りを認めたということであり、金融政策がすべて間違っていたという解釈は少々強引だと思われます。一連のやり取りから分かることは、物価の変動についても人の心理面の影響が大きいという現実です。

確かに経済全体でみれば、お金の総量でおおよその物価は決まります。

しかし人々には毎日の生活がありますから、生活が苦しくなったと思えば、買い控えたり、より安いものに乗り換えたりします。日銀がこれほどまでに大量の資金を供給しているにもかかわらず、多くの国民は、景気の先行きを不安視してなかなかお金を使いません。その結果が、一部商品の値下げであり、それが最終的には全体の物価水準に大きな影響を与えているわけです。

感じるポイントはここ！

- 経済学では、物価は世の中に出回っている貨幣の総量で決まるとされている。これを「貨幣数量説」という
- 経済活動に必要なお金の量に対して、市中に出回っているお金の量が多く、お金の価値が下がるのがインフレ
- 必要なお金の量に対して、市中に出回っているお金の量が少なく、お金の価値が高くなるのがデフレ
- 量的緩和策とは、日銀が国債を購入して市中にお金をばら撒くことでインフレ状態にし、現金を保有している人に投資を促し、経済を活性化させようという仕組み

感じるための基礎知識、その7

経済が成長する仕組みは？（ニワトリとタマゴ論）

ここまで説明してきた内容は、主に短期的な経済の動向についてです。長期的にその国の経済が発展するのかについては、また別の要因があります。

経済というものは需要と供給のバランスによって成立しています。需要というのはモノやサービスを購入したいという意思やその能力のことを指します。一方、供給というのは、モノやサービスを生産してそれを提供することです。

世の中にどのくらいの需要が存在するのかについては、国民がどのくらい稼いでいるのかという「所得」に依存します。その所得は、どれだけたくさんモノやサービスを生産したのかという供給によって決まってきます。たくさん生産して給料を多くもらえば所得も増えて需要も増えていきます。つまり需要と供給はニワトリとタマゴの関係になっており、どちらが先と決まっているわけではありません。

実はこれについては経済学の世界では一大論争となっており、需要が先なのか供給が先なのかについては決着がついていません。**ケインズ経済学***の領域では需要の方が大事であると考えます。まず需要が決まって、それに合わせて供給が決まってくるという考え方です。したがって需要の部分さえコントロールできれば、経済は管理できると考えています。

一方、**新古典派経済学***の分野では供給の方が重要であると考えています。供給できる製品やサービスの量が増えれば、自然と需要は伸びていき、供給力に制限がかかれば、需要も後退するという考え方になります。

これは一種の哲学論争ですので、経済学そのものに興味のある人は、関連する書物を読んで頭を悩ませてください。現実には、需要

感じるWord

ケインズ経済学
英国の経済学者ケインズを起点として発達したマクロ経済学。主に需要によって経済の動きは決まると考える。

新古典派経済学
現代経済学の主流となっている学派の総称。自由市場のメカニズムとそれがもたらす均衡を重視する。しばしばケインズ経済学と対立する。

が喚起されて経済が動くこともありますし、供給側が画期的な商品を生み出すことで経済が動くこともあります。つまりどちらも相互に関係していると考えるのが自然でしょう。

経済成長を決める3つの要素

ただ、長期的な経済の動向を考える場合には、供給側の問題はとても重要となってきます。いくら需要が増加しても、現実にその需要を満たす製品が作れなければ経済は伸びないからです。またアップルのiPhoneのように画期的な商品が発明されると、これまでになかった需要が喚起されることがあります。こうしたイノベーションの有無も長期的な成長には大きく影響してくるのです。

経済学の世界では、経済成長を決定する供給側の要因は以下の3つであると考えられています。

①資本
②労働

③イノベーション

資本がたくさんあるほど、良質なサービスが生まれる

資本とはズバリお金のことです。具体的に言うと生産設備に対する投資の蓄積です。こうした投資がないと、良質なモノやサービスは生まれてきません。

誰かがオシャレで画期的なカフェのアイデアを思いついたとしましょう。経済全体が貧しく、資本蓄積のない国では、面白いアイデアがあっても、それを実現するのはたやすいことではありません。周囲の人は皆お金を持っていませんし、銀行に行ってもそう簡単にお金を貸してはくれないでしょう。

画期的なカフェができれば、サービスの供給が大きく伸びることが分かっていても、経済全体に余裕資金がないので、そこにお金を回すことができないのです。

六本木ヒルズや虎ノ門ヒルズの建設で有名な森ビルを創業した森泰吉郎氏は、敗戦の雰囲気が色濃く残る1950年代の中頃、近代的なビルの需要が高まることを予想し、東京の港区にオフィスビルを建設しました。森氏の読みは見事に当たり、竣工と

経済成長のイメージ
（投資が資本となり来年以降の生産を拡大）

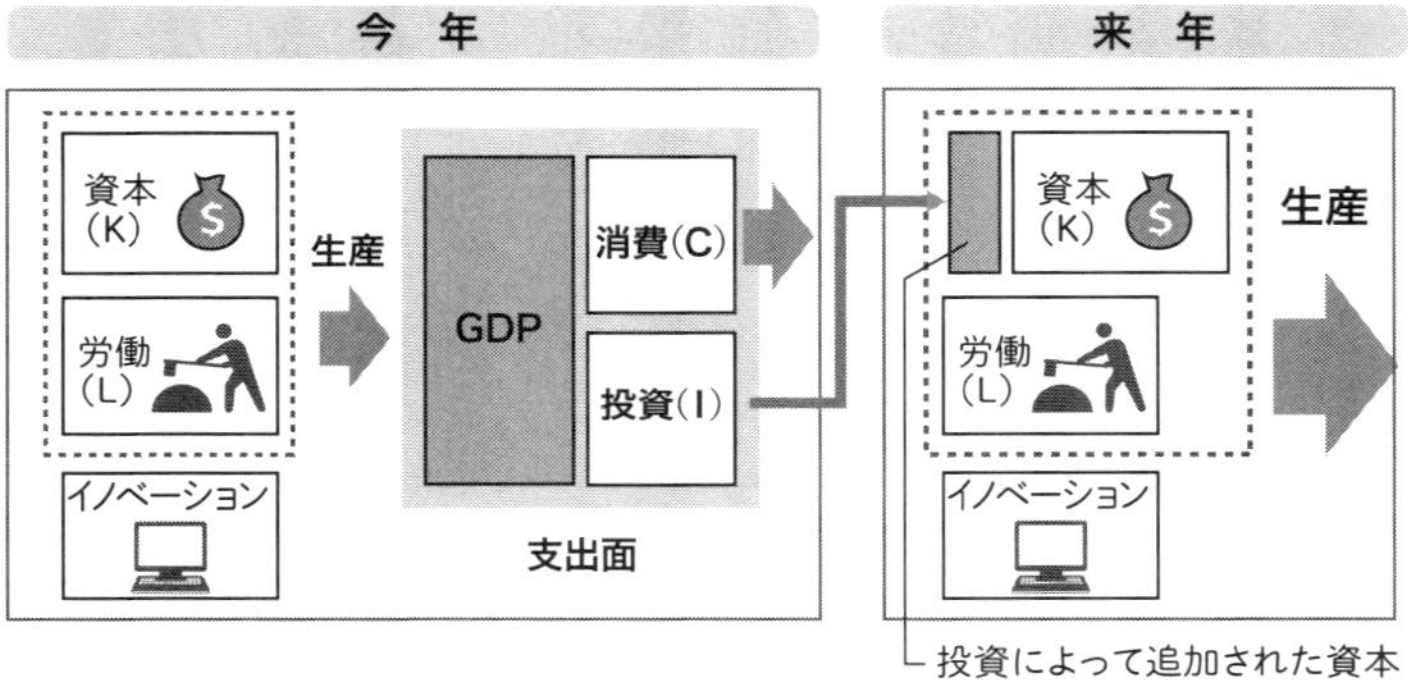

同時に、ほぼ一瞬でテナントの契約が決まったそうです。

森氏は、これは大チャンスということで、次々にビルを建設しようと考えたのですが、思わぬ障壁に直面します。確実に利益が出ることが分かっているのに、銀行がお金を貸してくれません。

高度成長期の日本は今ほど資金が豊富ではなく、銀行融資のほとんどは製造業の設備増強に回されていました。不動産に対する銀行融資の条件は悪く、オフィスビルの建設に融資できる資金は限られていたのです。

森氏は、銀行を必死に説得して融資を引き出し、現在の森ビルの基礎を築きました。

カネ余りとなった今の日本ではとても考えられませんが、資本の厚みがない国というのは、ちょっとしたビジネスを始めるのも一苦労なのです。

お金に余裕のある国は、消費の一部をしっかりと投資に回し、それが資本の拡大となって来年以降の生産をさらに高めます。これが経済成長に結びつくわけです。たくさんの資本蓄積がある国は、それを使って多くのモノやサービスを生産することができます。これによって、高い経済成長を実現することが可能となるのです。

労働力は人口に比例する

次の項目は労働です。

労働投入は、基本的に人口に比例しますから、これは人口と置き換えても差し支えないでしょう。労働投入が多いとたくさんのモノやサービスが生産できることは、実感として理解できると思います。人口が増えている国はその分だけ有利に経済成長を実現することができます。

日本は残念ながら、これから人口が減少していくことになり、労働投入の面では不利になります。労働投入が不足する分については、別のところでカバーしなければなりません。

一方、米国は日本とは正反対です。先進国としては珍しいのですが、移民の流入が多く、米国は順調に人口が増え続けています。このため米国は今後、10年から20年にわたって生産を拡大できるといわれています。

もちろん米国は資本の蓄積でも圧倒的なナンバーワンですから、これからの米国は相対的に見て世界最強と考えてよいでしょう。これに加えて米国は世界最大の石油産出国であり、他国からエネルギーを輸入しなくても、やっていくことができます。米国にもいろいろな問題がありますが、お金、人口、エネルギー、そして後述するイノベーションのすべてを持っており、当分の間、圧倒的に有利な立場が続くことは間違いありません。

イノベーションは資本力と一致する

最後の項目はイノベーションです。

ここでいうところのイノベーションは必ずしもテクノロジーのことだけを指しているわけではありません。画期的な販売方法を編み出したり、より短時間で同じ仕事をこなせるようにするノウハウといったものは、すべてイノベーションと考えることができます。

資本投入と労働投入が同じである場合、イノベーションが活発な方がよりたくさんの商品やサービスを生み出すことができ、経済も成長しやすくなります。貧しい国には画期的なイノベーションがたくさん起こり、豊かな国なのにイノベーションはさっぱりといったケースはほとんどないとみてよいでしょう。資本とイノベーションはたいていの場合一致しているわけです。

しかし、人口とイノベーションが一致するとは限りません。人口の少ない小国が次々と画期的なイノベーションを生み出すケースはよく見られます。日本は人口という面で不利になっていますから、イノベーションの部分で勝負しなければ、持続的な成長を実現できません。逆にいえば、この部分さえしっかりしておけば、人口減少など怖くないわけです。

感じるポイントはここ！

- 経済は需要と供給のバランスで成立する。需要とは、モノやサービスを購入したいという意思や能力。供給とは、モノやサービスを生産して提供すること

- 長期的な経済成長では、供給側の能力が大きなカギになる

- 経済成長を決める供給側の要因は、①資本、②労働、③イノベーションの３つである

- 労働力に限りのある日本では、資本をイノベーションにしっかり注ぎこみ、イノベーションで勝負しなければ、持続的な経済成長を実現できない

感じるための基礎知識、その8

国が発展するプロセスはどうなってるの？（途上国と成長国、それぞれに必要なもの）

経済が、資本、労働、イノベーションの3つによって成長するということが分かってくると、国が発展していくプロセスについてもイメージできるようになってきます。そして、今後、私たちはどのような社会を作っていくべきなのか、想像できるようになるはずです。

途上国が付加価値の低い軽工業からスタートする理由

貧しい途上国は、お金もイノベーションもないことがほとんどです。あるのは安価な労働力だけという状況です。

労働力だけを頼りにする産業は非常に脆弱《ぜいじゃく》です。労働集約型の産業は、そもそも利益率が高くありませんし、人数分だけしか仕事ができません。このため、獲得できる付加価値の総量に限度があるのです。

ユニクロやGAPといったグローバル・ブランドの企業は、製品の多くを貧しい途上国から調達しています。こうした途上国の工場で働く労働者は、1日に何十枚、何百枚のシャツなどを縫い合わせて、ごくわずかな賃金を受け取ります。

もし彼等がこうした衣類ではなく、付加価値の高い電子部品などを製造すれば、もっと豊かな生活ができるはずです。こうした途上国は、なぜ付加価値の高い産業を手がけないのでしょうか。

その理由は、当たり前過ぎますが「お金」の問題です。

電子部品の工場を作るためには、お金が必要です。お金を払って高価な製造装置を購入し、それを動かして電子部品を製造しなければなりません。この製造装置は、先ほど説明した資本に相当します。貧しい途上国は、資本投入がなく、それを成長の原動力にできないのです。

もちろんお金がなければ外国からお金を借りてくるという手段があります。しかし、お金を借りた場合には、当然ですが利子を支払わなければなりません。金融機関は、実績のない途上国には簡単にお金を貸しませんし、仮に貸してくれるところがあっても、高い金利が要求されるでしょう。現実はとても厳しいのです。

このため途上国の多くは、衣類のように設備投資がほとんど要らない軽工業からスタートします。衣類は場所と人さえあれば、とりあえず事業を始めることができます。最初は儲かりませんが、産業が順調に育ってくると、国内の経済が回り始め資本が蓄積されるようになってきます。ある程度、まとまった資本ができてくると、今度はもう少し高価な製造装置を造ったり、購入したりできるようになります。こうして、産業は、付加価値の高い次のステップにシフトしていくわけです。

日本は戦前にはそれなりの資本蓄積ができるところまで発展しましたが、太平洋戦争というあまりにも無謀な行為で、物的国富の半分以上を失うという事態に追い込まれてしまいました。

終戦時には、日本の産業設備の多くが機能せず、これまでの資本蓄積のほとんどをドブに捨ててしまったわけです。

しかも、太平洋戦争では国家予算の２８０倍（実質ベースでは約75倍）という天文学的なレベルの金額を戦争に投じています。しかも戦費のほとんどは、日銀による国債の直接引き受けによって賄《まかな》われました。

その結果、終戦と同時に、日本は準ハイパーインフレともいうべき状況となり、日本経済は完全に破たんしてしまいました。

現在の日本における政府債務のＧＤＰ比は、実は、当時の政府債務のＧＤＰ比に近い水準に達しています。政府債務が拡大していることに関して、国外ではなく国内が引き受け手であれば問題ないとの指摘がありますが、太平洋戦争の戦費調達では、ほぼ１００％、国内の投資家が国債を引き受けています。

もちろん、当時の日本と今の日本とでは経済的な基礎体力は異なりますから、同じ条件で比較することはできません。しかし、限度を超える借金をすれば、貸した相手が誰であろうと、財政が破たんするリスクを抱えることになります。こうした歴史を私たちは無視してはいけないでしょう。

では、経済が完全に破たんしてしまったにもかかわらず、日本はなぜ奇跡の復活を遂げることができたのでしょうか。それは朝鮮戦争の勃発とそれに伴う日本企業への特需です。

この特需によって、1951年から1953年の3年間に10億ドルを上回る金額の受注が日本企業に舞い込みました。1ドル＝360円とすると、3年間で3600億円、1年あたりでは1200億円となります。現在の価値に換算すると、15兆円もの金額になります。

この効果は絶大で、1951年の名目GDPは前年比で何と38％の増加となり、翌52年は12％の増加、53年は15％の増加となりました。これによって資本不足は一気に解消され、日本企業は次々と製造装置などへの設備投資を行い、これが、やがて訪れる高度成長の原動力となりました。

成熟国に必要なのは高度なイノベーション

戦後の日本や現在の中国など、経済が発展している国では、たいていの場合、製造業が基幹産業となっています。その理由は製造業は大量生産が可能であり、同じ労働力でより多くの製品を作ることができるからです。

同じ製造業でも、先ほどのように衣類を作っている国は、労働集約的ですから、1人の労働者が生み出せる衣類の数には上限があります。工夫を凝らしたとしても、衣類の数を大幅に拡大することはできません。

しかし電子部品の工場であれば、もちろん限界はありますが、工場を24時間稼働させることで、生産を何倍、あるいは何十倍に拡大させることができます。需要さえあれば、いくらでも経済成長が可能となってくるわけです。

高度成長のフェーズでは、先ほどの例における、資本の蓄積が高度に進んでくることになります。1990年代までの日本はまさに製造業の絶頂期で、製造業向けの産業資本の蓄積が一気に進みました。

産業の発展段階と経済成長

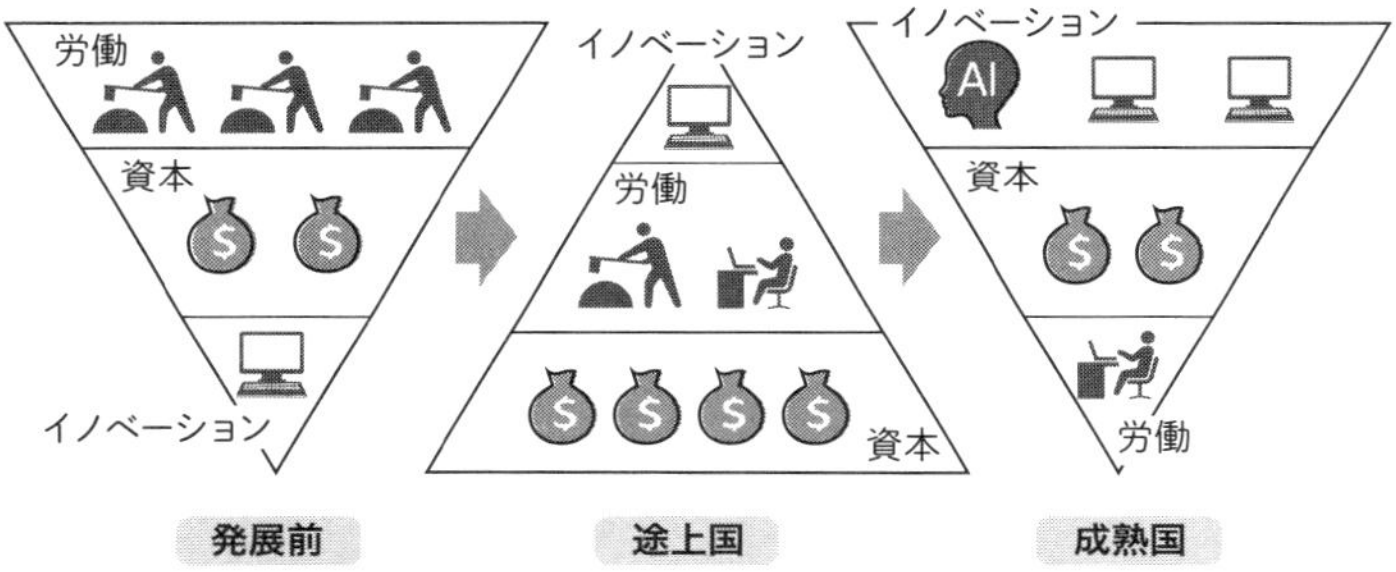

産業の初期段階では、労働が中心的な役割を果たし、発展途上の段階になると資本の蓄積が進み、製造業が発展してくることになります。では資本の蓄積が高度に進んだ国はその後、どのような状況になるのでしょうか。

製造業が高度に発展し、国が豊かになると、それ以上、多くのモノは必要としなくなります。また、低付加価値な製造業は、新しく台頭する新興国が担いますから、先進国の企業が取り組むことは割に合わなくなります。

成熟した先進国では、やがて従来型の工業から脱皮し、ソフトウェアなど、形を変えた製造業や高付加価値型のサービス業への転換を図るようになってきます。この時に成長の原動力となるのはイノベーションです。

具体的にはグーグルが提供している各種のサービスや、アマゾンのようなネット通販サービスなどがこれに該当します。純粋な製造業についても、ネジやモーターを作るのではなく、新しいサービスを支えるための、高度なソフトウェアにシフトすることになります。

低付加価値な製造業の時代には、とにかく安い労働力で稼いで資本の蓄積を急ぎ、その後は、得られた資本を使って、高度な製造業を確立することが重要でした。しかし、成熟国家のフェーズでは、イノベーションが活発になる社会をつくっていくことが求められます。

感じるポイントはここ!

- 途上国にはお金もイノベーションもないので、設備投資が要らない軽工業からスタートする
- 成熟国では、同じ製造業でも、より高度なイノベーションが求められる
- 太平洋戦争で、日本は国家予算の280倍もの金額を戦費に投じ、経済が破たんした
- 日本が終戦後、奇跡の復活を遂げることができたのは、朝鮮戦争の勃発とそれに伴う特需によるもの

感じるための基礎知識、その9

経済は成長しなくてもよいの？（成長懐疑論の是非）

このところ、日本の製造業が衰退しており、それはよくないことだという話を耳にする機会が増えています。場合によっては、製造業が強かった昭和の時代に戻るべきだとの声もあるようです。つまり伝統的な製造業への回帰です。

しかし、経済の発展形態を前提にした場合、こうした考え方はあまり良くない結果をもたらすと筆者は考えます。なぜなら、日本の製造業がここまで発展することができたのは、伝統的な製造業を守ったからではなく、ことごとく古い製造業を破壊し、常に最先端の技術を追いかけてきたからです。

本当の意味での日本の伝統とは？

日本が戦後復興を遂げた時点では、自動車はまだまだ小さい産業でした。戦前の主力産業は紡績であり、戦後、政府は石炭や鉄鋼などを主力産業にするという計画を立てていました。自動車産業など論外という状況だったのです。戦後の資金不足の中、トヨタは満足な融資も得られず倒産しかかったこともあります。

自動車というのは、当時としては、新しくてよく分からない、チャラチャラした技術だったのです。現在にあてはめれば、グーグルの検索エンジンや人工知能（ＡＩ）のようなものでしょう。トヨタの素晴らしいところは、それほどの逆風を受けながら、自動車の将来を信じ、ブレることなく開発を進めた点にあります。

もし、トヨタや日産といった自動車メーカーが、（当時としては）伝統的な製造業に力を入れるべきだという社会の風潮に負けて、開発をやめてしまっていたら、今の日本はありません。

同じことが１９８０年代にも起こりました。

当時、日本メーカーは、半導体の開発に邁進《まいしん》するのですが、当時の半導体産業に対する世間の反応はあまりよいものではありませんでした。鉄鋼や機械といった産業と比較して、重みがないと否定的なイメージを持つ人も少なくなかったのです。

戦後のトヨタと同様、日本の半導体メーカーがこうした風潮に負けてしまっていたら、ソニーやパナソニックの成功はなかったでしょう。

要するにいつの時代においても新しい技術が登場すると、まずは全否定されるというパターンを繰り返しているわけです。

これを今の時代に当てはめると、先ほども言及しましたが、グーグルの検索エンジン、AI、シェアリング・エコノミー、ビットコインなどがこれに相当します。かつてと同様、こうした新しい技術に対しては、否定的でヒステリックな反応が多くなってしまいます。

筆者が非常に危惧《きぐ》しているのは、かつてはトヨタがあり、その後は、ソニーやパナソニックという、逆風に負けない反骨精神のある会社が登場してきましたが、今の日本にはこうした企業が少ないことです。

むしろ、社会全体として、新しい技術を積極的に取り入れるのではなく、古い技術を守ろうという意識が強くなっているように感じます。しかしながら、筆者に言わせると、これは日本の伝統ではありません。

日本は常に、古いものは捨て去り、新しいものを追いかけてきました。日本は資源が乏しい国ですから、知識以外に勝負できるところはありません。

常に新しいものを取り込んでいくのが日本の伝統であり、これがうまく機能していたからこそ、日本は経済的に成功することができたのです。そう考えると、最近の風潮はむしろ日本の伝統を破壊しているようにさえ思えます。さらに言えば、新しい技術を否定するということは、進歩を是とする製造業の軽視につながります。

こうした部分は、物事に対する感じ方ひとつで変わってしまうものです。感じる力が大事だと筆者が力説しているのはそういった理由からです。

経済が成長しないと、イケアの家具が買えなくなる!?

新しい技術に対する感じ方に加え、懸念を感じていることがもうひとつあります。それは成長そのものに対する否定です。

最近は**ミニマリスト***というキーワードが流行するなど、過剰な消費に対するアンチテーゼが盛り上がっています。過剰なモノを持つ必要はないという考え方には筆者は100%賛成で、筆者自身も実はあまり物欲がありません。

しかし、過剰なモノは要らないという考え方と、低成長でもよいという話が結びついてしまうとそれは少々問題です。低成長は貧しさに直結するものであり、貧しさは生活そのものを危険に晒《さら》す可能性が高いからです。

家具をまったく持たないという話は極端にしても、例えば、イケアで手に入るようなシンプルで美しい家具が少量あれば、部屋にゴチャゴチャとモノを置く必要はなくなります。

しかし重要なことは、イケアのようなシンプルでデザイン性の高い家具が比較的安価に手に入るのは、グローバル・レベルで高い経済成長を実現しているからです。イケアはグローバル企業として全世界にあの家具を販売できるからこそ、存在し続けることができま

感じるWord
ミニマリスト
最小限のモノしか所有せずに暮らす人のこと。新しいライフスタイルとして注目されている。

す。

もし日本の経済成長が今後も横ばいかマイナスが続くようであれば、日本人はいずれ、イケアの家具をあの価格で入手できなくなります。また全世界的に低成長という場合も同様で、需要が少なく、大量生産ができませんから、家具の価格は途方もなく高くなってしまうでしょう。

シンプルでスタイリッシュな生活というのは、経済が活発に回っていればこそ、実現できるということを忘れてはなりません。

また経済力が低下してくると、最終的に大きな影響が出てくるのは医療など生命に関わる部分であるということも知っておく必要があります。

成長できなければ、最後に犠牲になるのは人の命

日本人は現在、年間で40兆円もの医療費を使っています。これらの医療費は公的保険という形で私たちの所得の中から一定割合が徴収され、これを皆でシェアする形になっています。わずか3割の自己負担で病院にかかれるのはそのためです。

医療費については、元アナウンサーが、「自業自得の患者は（中略）殺してしまえ」とブログで暴言を吐いたことで世間の関心が高まっています。

この発言が論外であることは当然なのですが、本質的な問題はそこではありません。元アナウンサーは、こうしたムダを排除できれば医療費の問題は解決できると考えているフシがあるのですが、それはまったくの幻想です。

40兆円の医療費のうち、診療（歯科を除く）に関係するものは約29兆円と全体の約7割を占めています。当然のことながら、三大成人病に関するものの比率が高く、高齢化に伴って医療費が高騰することは必至の状況です。

最近ではがんに罹患《りかん》する人が増えていることもあり、薬剤費の高騰が財政難に拍車をかけています。最近、肺がんへの保険適用が決まった新薬の場合、1人の患者あたり年間3500万円の費用がかかるという驚きの試算も示されました。

実際には薬価は引き下げられる可能性が高いですが、現実問題としてがんの治療には1人あたり数千万円のお金がかかるケースは珍しくありません。

筆者は母親をがんで亡くしているのですが、末期がんの患者の多くは、藁《わら》にもすがる思いで新薬を求めます。皆、少しでも長く生き延びたいと考えますから、どうしても医療費は増えてしまいます。こうした費用が増大して医療費の高騰を招いているのであって、ムダな治療費をなくせば済むというレベルではありません。

結局のところ、公的医療を支えられるかどうかは、経済が順調に成長できるかどうかにかかっています。マイナス成長でもよいと考えている人は、将来も今の生活水準が維持されると考えているのかもしれませんがそうではないのです。

イザという時に病院で満足な治療が受けられないというのは、どれほど恐ろしい社会なのか想像してみる必要があるでしょう。

感じるポイントはここ！

- 日本の製造業が発展してきたのは、古い製造業を破壊し、最先端の技術を追いかけてきたから

- 資源が乏しい日本では、知識で勝負するほかない。進歩を是とする製造業だからこそ、常に新しいものを取り込む日本の伝統が生きる

- 経済成長そのものを否定することは、需要を低下させ、ひいてはモノの価格を高くするという悪循環を招く

- 年々増大する公的医療を支えられるかどうかは、経済が順調に成長できるかどうかにかかっている

3章

感じて、
そして行動しよう！

感じて行動！ その1

なぜ日本では長時間労働がなくならないのか？（日本人の働き方）

経済の基本が理解できたところで、第3章では経済や社会の現状についてどう感じ、そしてどのように改善すればよいのか議論していきたいと思います。最初に取り上げるのは、日本人の働き方です。

数字（労働生産性）に表れている日本の滅私奉公

日本の職場では、長時間労働するのが当たり前となっています。

この問題は以前から指摘されているのですが、改善される気配がありません。２０１６年10月には、大手広告代理店の過労自殺が問題視されましたが、これは氷山の一角に過ぎないでしょう。

このような滅私奉公的な働き方について、どこかおかしいと皆、感じているはずなのですが、なかなかそれを口に出せずにいます。一方で、多くの日本人が、こうした長時間労働をこなさなければ生活していけないのではないかと漠然と考えています。これが社会全体として滅私奉公的な長時間残業を強いる雰囲気を生み出していると考えられます。

このような「直感」はとても大事です。

日本人の働き方がオカシイのも事実ですし、一方で、そうしないと今の生活を維持できないというのも事実なのです。この問題を解決するには、日本経済の仕組みを改善しなければなりません。

ポイントになるのは労働生産性という考え方です。

労働生産性は、どれだけ効率よく働いたのかを示す指標で、この数値が大きければ大きいほど、効率がよい社会ということになります。実はこの労働生産性というのは、国の豊かさを決定付ける原動力であり、この数字ひとつで経済力のすべてを言い表せるといっても過言ではないほど重要な指標です。

たくさん働いているのに、儲けが少ない日本

日本の労働生産性が低いことは専門家の間では以前から指摘されていたのですが、2016年9月に公表された労働経済白書では、その実態がより明確に示されました。白書によると日本の労働生産性は主要先進国の中でもっとも低く、フランス、ドイツ、米国の生産性は日本の約1・5倍もあったのです。

厳しいのが製造業の状況です。かつて日本は、製造業の生産性は高く、サービス業の生産性が低いと言われてきたのですが、残念ながら今となってはこの法則もあてはまらないようです。

製造業の実質労働生産性の水準は米国、ドイツ、フランスと比較すると2割から3割も低くなっています。日本は製造業が得意なはずだったのですが、ドイツや米国には到底、及ばない国になってしまいました。

先進各国の働き方比較

生産性順位	生産性（ドル）	付加価値 1人あたりのGDP（ドル）	年間労働時間（時間）	就業者数の割合（全人口比）
① フランス	60.8	37,653	1,482	40.3%
② ドイツ	60.2	40,952	1,371	49.1%
③ 米国	59.1	56,083	1,790	45.8%
③ イタリア	50.9	29,867	1,725	36.7%
④ 英国	48.7	43,902	1,674	47.4%
⑤ 日本	38.2	32,479	1,719	50.0%

＊生産性は2005年から2013年の平均値、1人あたりのGDPは2015年、年間労働時間は2015年、就業者の割合は2014年

出所）IMF、OECD、ILO などから筆者作成

労働生産性は、労働によって生み出された生産額を労働投入量で割って算出されます。つまり労働生産性を上げるためには、付加価値の高い製品やサービスを生産するか、労働時間（あるいは労働者の数）を減らせばよいことになります。

つまり労働生産性の式の分子を大きくするか、分母を小さくするのかのどちらかです。では、日本よりも生産性が高い諸外国は、どのようにして高い生産性を実現しているのでしょうか。各国がどの程度、儲けているのかは1人あたりのGDPを見ると分かります。

第2章でGDPについては解説しましたが、GDPとは1年間の間のその国の

国民が使ったお金の総額です。モノを生産した側から見れば、生み出した付加価値の総額ということになります。

つまりたくさんモノやサービスを提供し、それを消費している国はGDPが大きくなり、豊かな生活を送ることができるという仕組みです。

主要国で1人あたりのGDPがもっとも大きいのは米国で、2015年は5万6000ドルもありました。日本は3万2000ドルでしたが、ドイツは4万1000ドル、英国は4万4000ドルとなっています。特に米国の稼ぎは突出しています。

1人あたりのGDPはおおよそ、その国の平均的な年収に近い数字になると思って差し支えありません。日本人の平均年収は300万円台ですから、1人あたりのGDPとほぼ一致しています。一方、米国では、大学を卒業した新入社員の年収が500万円になることも珍しくありませんが、1人あたりのGDPは600万円に近い数字ですから、それもうなずけます。

つまり、1人あたりのGDPが高い米国や英国はとにかくたくさん稼ぐことで生産性を上げていると想像できます。ドイツも4万ドル台ですから、稼いでいる部類に入るでしょう。

そうなってくると、気になるのがフランスとイタリアです。フランスは1人あたりのGDPが日本よりは高いものの3万ドル台と米国や英国と比較すると低い水準です。イタリアに至っては約3万ドルと日本よりも低くなっています。それにもかかわらずフランスやイタリアの生産性は日本よりも高いという結果になっています。

稼ぎが多くないにもかかわらず生産性が高いということになると、労働時間が短いのではないかと想像されます。

その想像はフランスについては当たっています。

フランス人はとにかく働かない、イタリア人はそもそも働きに出ない

OECD（経済協力開発機構）の比較調査によると、日本の平均年間総労働時間は1719時間でしたが、フランスは1482時間とかなり短くなっています。

この比較調査は各国で統計手法が異なるため、学術的に厳密な形で国際比較することができないものですが、ある程度の参考になることは間違いありません。フランス

は明らかに労働時間の短さで生産性を上げているとみてよいでしょう。

稼ぎはそこそこでよいので、さっさと仕事は切り上げ、映画を見たり、食事を楽しもう！といったところでしょうか。

一方、米国や英国の労働時間は長めです。米国人に至っては、むしろ日本人よりも働いています。

ちなみに、この比較調査の日本における元データは事業者に対する調査ですので、いわゆるサービス残業がカウントされていない可能性があります。日本の労働時間はもっと多い可能性がありますが、米国人が国際的に見て長時間労働なのは確かでしょう。

米国人は遅くまでハードワークをこなし、その分だけたくさん稼ぐというスタイルのようです。

筆者の知人であるボブは、米国の地方都市で不動産関係の仕事をしていますが、連日、朝7時から夜の10時頃まで働いています。同じ事務所には女性の社員もいますが、人によっては、男性社員と同じような働き方をしているようです。

ボブはその分、稼ぎもよいらしく、大きなクルマを乗り回し、週末はしっかり休んで、近所の人を呼んで盛大にバーベキューパーティを開催しています。ある意味で典型的な米国人のライフスタイルといってよいでしょう。

ここで不思議なのはイタリアです。

イタリアの生産性は日本よりも高いのですが、儲けは日本ほど多くありません。しかも日本と同じくらい長時間労働しています。

では、なぜイタリアは日本よりも生産性が高いのでしょうか。

労働時間が同じで稼ぎも同じなら、働いている人の数が少ない可能性を考える必要があります。イタリア人で働いている人はどのくらいの割合なのか調べてみましょう。

実は、イタリアの全人口に占める就業者の割合はわずか37%しかありません。これに対して日本は50%もあります。つまりイタリア人は一部の人以外はほとんど働いていないことになります。働く人はハードワークですが、残りは遊んでいるといったら言い過ぎでしょうか。

イタリア人は、無理して働きに出る必要はないと考えているようです。

イタリアは欧州の中でも家族中心主義の社会と言われ、女性の社会参加率が低いことで知られています。

女性があまり外に出ていない可能性が考えられますし、男性も、仕事がない場合には、家族や親戚に支えてもらえばよいと考えているのかもしれません。イタリアは欧州の中では、しがらみが多い国ともいわれますが、稼ぎの絶対値が少ないにもかかわらず、少ない人数で豊かな社会を維持しているというのはなかなか優秀です。

国によって文化は異なりますから、一概にどこの働き方がよいと決めつけることはできませんが、日本人の働き方に問題があることは、数字の上から見ても明らかといってよいでしょう。

感じるポイントはここ！

- 日本人の働き方がおかしい一方で、長時間労働をこなさないと生活を維持できないのも現実である。この問題を解決するには、日本経済の仕組みを改善する必要がある

- 「労働生産性」とは、どれだけ効率よく働いたかを示す指標で、この数値が大きいほど効率が良い社会である

- 労働生産性は、国の豊かさを決定づけるものであり、この数字が経済力を表すといっても良いほど重要な指標

- 日本の労働生産性は主要先進国の中でももっとも低く、日本人の働き方に問題があることは数字上からも明らかである

感じて行動！ その2

残業を減らすと経済が拡大するメカニズム

（本当に豊かな働き方、生き方とは？）

先ほどの話を簡単に整理すると、米国人と英国人はハードワークでたくさん稼ぐという生き方であり、フランス人とイタリア人は、私生活重視であまり働く気はありません。ドイツ人は知恵で働くといったところになるでしょう。

これに対して、日本人はたくさん稼いでおらず、だからといって私生活を優先しているわけでもありません。これでは生活が息苦しいのは当たり前かもしれません。では、どうすればもっと生活を豊かにできるのでしょうか？

実は本当に仕事が終わっていない可能性も

生産性を上げるためには、稼ぎを大きくするか、労働時間を減らすか、もしくは働く人の数を減らすことが必要です。

稼ぎを大きくするのがもっとも望ましいのですが、米国人の姿を見ると少し大変そうですから、この話は後回しにしましょう。もっとも手っ取り早いのは、労働時間を短くすることのように思えます。

日本の職場では、自分の仕事が終わっても、先輩や上司が帰るまでは帰れないといった奇妙な掟《おきて》があったりしますし、なぜ存在するのかが分からない仕事が、いつまでたってもなくならないといったケースも珍しくありません。

しかし、日本の長時間労働のほとんどが、こうした純粋なムダで占められているのかというと必ずしもそうとはいえないでしょう。さすがに私たちはそれほどバカではありませんから、残業時間のすべてがムダなのであれば、いい加減やめましょうという話になっているはずです。

長時間残業になっているのは、本当に仕事が終わっていない可能性があります。皆、一生懸命やっているにもかかわらず、定時では仕事が終わらないのです。

もしそうなのだとすると、残業をなくすことはそう簡単ではありません。残業時間を強制的に減らしてしまうと、生産が減って、企業の売上や利益が減り、ひいては給料が下がってしまう可能性があるからです。

日本では実際にそうなってしまう可能性が高く、これが残業をなくせない真の理由です。これほど長時間残業に対する問題意識が高まっているのに、会社全体として勤務時間を減らす動きにならないのは、利益が減ってしまうと、何となく皆が感じているからです。

ではなぜ、日本では仕事に時間がかかるのでしょうか。その理由のひとつとして考えられるのが、業務のＩＴ化の問題です。日本では業務のＩＴ化が進んでおらず、効率の悪い仕事の進め方が残っており、これが労働時間の増大につながっているという可能性が否定できません。

先ほど紹介した労働経済白書でも、日本の貧弱なＩＴ化の状況について指摘しています。

白書によると、日本における２００６年から２０１０年にかけての情報化資産装備率の上昇率は約２・５％でしたが、英国は６・０％、米国は５・７％、ドイツは４・３％といずれも日本より高い水準でした。

日本の職場であまりＩＴ化が進んでいないのは別のデータからも推測することができます。それはパソコンの普及率です。

パソコンの正確な普及率を調べた統計というのは存在していないのですが、パソコンの年間販売台数や平均的な利用年月などから、おおよそのパソコン普及率を計算することができます。

日本では、国民１人あたり０・５台しかパソコンは普及していませんが、米国は１人あたり１台、英国は１人あたり０・８台、フランスも１人あたり０・７台となっており、いずれも日本よりも普及率が高くなっています。日本では業務がＩＴ化されていないので、結果としてパソコンの台数も少なくなっていると考えられます。

日本国内にいるとあまり意識しませんが、先進諸外国では多くの業務がシステム化されおり、業務に人手をかける必要がありません。

日本ではせっかく情報システムを導入しても、人が業務をこなしていた時の面倒なやり方をそのままシステムに残してしまい、結局、業務が効率化できないというケースをよく見かけます。

ＩＴ化の遅れで業務が滞っているのだとすると、そう簡単には残業時間を減らすことはできなくなります。日本は後進国ではありませんから、技術的にはいつでも世界最先端レベルの情報システムを導入することができるはずです。

もしそれが出来ていないのだとすると、これはマインドの問題が大きいといわざるを得ません。

思い切ってシステム化を進め、残業時間を減らすことができれば、経済的には良いことがいっぱいあります。

時間が増えれば、その分消費も増えて社会は豊かになる

第2章では、ＧＤＰは消費と投資で構成されると説明しました。また、家計は所得を得るとその一定割合を消費に回すという話もしました。

ここで日本企業が思い切ってＩＴ投資を実施すると、ＧＤＰを構成する要素のうち

投資（I）が伸びることになります。そうなってくると、情報システム企業への発注が増えますから、システム企業で働く人の給料が上がったり、新しく社員を雇ったりするので、結果的に家計の所得も増えてきます。

所得が増えると、消費も増えてきますから、GDP全体が拡大してくることになるわけです。

もちろんIT投資をちょっと実施しただけでは、このような劇的な効果は出てきませんが、「チリも積もれば」ですから、こうした積み上げを甘く見てはいけません。同じ残業時間を減らそうという話も、ただ闇雲に時間を減らすのではなく、それによって効率が上がるように工夫しないと、生産性には効いてきません。

IT化をしっかり進めないまま、残業時間だけを減らしてしまうと、業務がこなせなくなり、売上げが減ってしまうという可能性があります。そうなってくると、経済全体がシュリンクしてしまいますから逆効果です。

IT化を進めるメリットはそれだけではありません。IT化を通じて、仕事のムダというものを多くの社員が意識するようになるという点も見逃せません。

仕事が雑なのに稼ぎが多い米国人、仕事が丁寧なのに稼ぎが少ない日本人

以前ネットで、日本人ビジネスマンの仕事の仕方と、米国人ビジネスマンの仕事の仕方をコミカルに比較したYouTube動画が話題になったことがありました。

日本人はデスクできちんとした姿勢で座り、電話に出るとペコペコ頭を下げながらしっかりと対応しています。一方、米国人は椅子にふんぞり返り、ダルそうに仕事をして、昼前に電話が来ると、ランチを食べてから対応するといって電話をガチャっと切ってしまいます。

これには相当、誇張が入っていますし、会社や人によって状況は様々ですので、一概に比較することはできないわけですが、筆者の印象としては、この動画はあながち間違っていません。多くの米国人は仕事がかなりテキトーですし、細かいところは気にしないというか、非常に雑です。

しかし、日本と米国を比べると圧倒的に米国の方が生産性が高くなっています。

米国では、会社全体として、付加価値の低い仕事を社内に残しません。多くの会社がこうしたムダの排除を徹底した結果、ＩＴ化や途上国へのアウトソーシングが一気に拡大しました。

残業時間が減り、早い時間帯に会社を出られるということになると、別の効果も発生してきます。アフター5の時間がたっぷり取れるということになれば、人々のお金の使い方も変わってくるのです。夜の時間を有効活用して友人とゆっくり食事をする人も増えるでしょうし、スキルアップのために学校に通う人も出てくるでしょう。中にはもっとお金を稼ぎたいので、副業するという人もいるかもしれません。

こうした活動の変化は、人々の消費を増やす結果につながります。

時間が余ったからといって消費を増やしたらお金がなくなってしまうのではないか？　そう考える人もいるでしょう。確かに、個人という狭い枠組みの中ではそうなるかもしれません。

しかし、残業時間が減り、余暇の時間が増えたことを皆がポジティブに捉《とら》えて消費を増やしていけば、最終的にはめぐりめぐって自分自身の所得も増えてきます。経済学における所得の原資は人々の消費であり、消費が増えれば、最終的には自分の所得も増えるのです。

経済とは不思議なもので、最終的には人の気持ちがどれだけ前向きなのかで結果が変わってきます。残念ながら経済学の世界では、そこまで踏み込んだ分析は行われていません。このため、とりあえず財政出動を強化する、金融を緩和するというテクニカルな対策に終始しているわけです。

しかし、私たちのマインドが少し変化しただけで、こうした経済政策をはるかに凌《りょう》駕《が》する効果を得られる可能性があります。筆者が「感じる力」や「行動」というものを重視しているのはそのためです。

感じるポイントはここ!

- たくさん働いて、たくさん稼ぐのが米国人と英国人。私生活重視であまり働かないのがフランス人とイタリア人。知恵で働くのがドイツ人
- 日本人は、たくさん働くにもかかわらず、稼ぎが少なく、私生活も犠牲にしている
- 日本人が仕事に時間がかかるのは、貧弱な IT 化が理由のひとつ
- 日本企業が IT 投資を実施することで、生産性が上がり、家計の所得も増え、消費も増えることが考えられる

感じて行動！ その3

たくさん稼ぐにはどうすればよい？

（生産性を上げる最良の方法）

先ほどは、ＩＴ化を積極的に進め、業務を効率化することで残業をなくせるという話をしました。ＩＴに対する投資が増えますし、残業が減って余暇が増えると、消費が拡大する効果も得られますから一石二鳥です。

しかしながら、労働時間の削減にはどうしても限界があります。生産性を上げる最良の方法は分子を大きくすること。たくさん稼ぐことの右に出るものはいません。

同じ製造業の国なのにドイツの方が稼げる理由

たくさん稼ぐといっても、私たちが、すぐに米国人や英国人のように振る舞えるようになるとは思えません。その意味では、日本と産業構造がよく似たドイツがもっとも参考になるでしょう。

ドイツの1人あたりGDPは約4万ドルと、米国や英国ほどではないですが、結構な稼ぎです。それに何といってもドイツの特徴は労働時間の短さです。年間の労働時間は1371時間で先進各国の中では突出して労働時間が短くなっています。

ドイツでは定時退社が当たり前という企業が多く、逆に残業しなければならないような状況は、仕事のやり方に問題があるとして、マイナスの評価をされるケースも多いといわれています。

ドイツがこれだけ高い生産性を実現できている理由は、やはり高付加価値の製造業に特化しているからでしょう。

本書では、日本のGDPのうち消費の占める割合は約6割であると説明してきました。米国のように豊かな消費経済のある国は7割に達しますが、逆にドイツは5割程度とかなり少なくなっています。ドイツ経済は、製造業に対する設備投資が成長の原動力になっており、消費で稼ぐ構造にはなっていません。

確かにドイツの街並みは美しいですが、フランスやイタリア、米国などと比べるとあまり楽しそうな雰囲気はありません。「ドイツ人は」といって一括りにするのはよくありませんが、ステレオタイプなドイツ人というと、やはり、実直でお堅い人が多いということになるでしょう。良くも悪くも、ドイツはお堅い製造業の国なのです。

その点においてドイツと日本はよく似ていますし、実際、1980年代までは日本とドイツは工業製品において最大のライバルでした。ところが、1990年代以降、両国の差が開き始め、現在では製造業としてもドイツの方が圧倒的に儲かる構造に変わっています。

日本もドイツも非常に優秀な技術を持っていますが、両国にこれだけの差がついてしまったのは、変化に対する対応力であると考えられます。日本は製造業の輸出で国を支えているというイメージがありますが、それは過去の話です。

日本の年間輸出額はドイツや米国に比べてかなり小さいというのが現実です。米国は1兆6000億ドル、ドイツは1兆5000億ドルの輸出額があるのに対して、日本はその半分しかありません。世界貿易における日本の輸出シェアは1990年代半ばまではドイツや米国と大差なかったのですが、その後は、急速にシェアを失っています。さらに問題なのは、その中身です。輸出品目の内容と稼ぐ力について、2015年の通商白書は興味深い指摘をしています。

米国やドイツは輸出全体のうち75%が市場が拡大する品目で占められているのに対して、日本はわずか47%でした。世界市場で伸びていない品目が輸出の半数を占めているという状況では、全体の輸出額が伸びないのは当然ですし、儲からない結果に終わってしまいます。

中国向けの輸出を例に取ると、日本はドイツや米国に比べて高いシェアを持つ品目はあるものの、市場が拡大している品目のシェアはドイツや米国と比べると高くありません。船舶、自動車、鉄道部品、医療機器といった伸びが大きい分野では、米国企業やドイツ企業が強みを発揮しています。一方、ボールベアリングやコンデンサといった伸びが低い分野での日本企業のシェアは高くなっています。つまり、日本企業は伸びない分野で高いシェアを確保していることになります。

一方、ドイツの中国向け輸出を見ると、数量も増加していますが、それに合わせて単価も上昇しています。数量と値段の両方が上昇しているので、ドイツ企業の収益は拡大することになります。

日本企業は、単価が上昇した品目もあるのですが、数量が増加した品目での単価上昇はそれほど顕著ではありません。中には数量だけが増加して単価が下落しているものも見受けられる状況です。ドイツと比べると儲かる部分で勝負できていないことがよく分かります。このような結果になってしまったのは市場の変化に日本企業がうまく対応できていないからです。

ではドイツはなぜ同じような実直な工業国でありながら、市場の変化に柔軟に対応できているのでしょうか。その理由は、様々でしょうが、社会に競争を促す仕組みができていることが大きく影響していると考えられます。

ドイツの強みは管理された競争システム

米国は自由競争の原理が徹底されている国として知られていますが、ドイツはいわゆる米国型のグローバルスタンダードとは一線を画しています。

しかし、競争環境を整えるという点ではドイツも米国も同じです。ドイツは2012年に倒産法の改正を行い、一定の基準を満たさない企業の取締役は破産申し立てを行うことが法律で義務付けられました。つまりドイツは、経営が行き詰まった企業を不必要に延命させた場合、処罰の対処となるのです。

人や会社の入れ替わりがないと社会は徐々に淀んでいき、変化への対応力を失っていきます。米国は市場原理で競争を徹底させるという考え方ですが、ドイツは社会全体として競争環境を管理するという考え方に立っています。このため、競争力がなくなった企業は、法律で強制的に市場から退出させるわけです。

一方でドイツは、失業者に対する手当が非常に厚いことでも知られています。失業者が新しい仕事に就くための職業訓練プログラムが多数用意されており、労働力の新しい産業へのシフトを促しています。

ドイツでは企業は簡単に社員を解雇することができます。しかし、解雇された労働者には失業手当と職業訓練の機会が与えられますから、それほど次の仕事を心配せずに会社を辞めることができるという仕組みです。

市場では常に人が入れ替わりますから、斬新なアイデアなども浮かんできます。これが市場の変化を取り込む原動力になっているわけです。ドイツの変化に対する対応力はネットを使った新しいビジネスへの取り組みを見るとよく分かります。

現在、製造業の世界では、ＩｏＴ（モノのインターネット）の分野に大きな注目が集まっています。

ＩｏＴとは、あらゆる機器にセンサーや制御装置などを搭載し、これらをネット上で統合することで高度なサービスを提供しようという新しい試みのことです。すべてのモノがネットにつながることから、こうした一連の仕組みをモノのインターネットと呼んでいます。

ＩｏＴが普及すると、これまでモノを作るだけだった製造業が巨大なサービス産業に変貌する可能性が見えてきます。各社が対応を急いでいるのは、ＩｏＴの普及によって従来の業界秩序が激変する可能性があるからです。

この分野でドイツは非常に積極的な動きを見せています。

製造業大手のシーメンス、自動車部品メーカーのボッシュ、ＩＴ大手のＳＡＰなどが参画して、新しい技術仕様の標準化に乗り出しており、米ＧＥなどと並んで、

ＩｏＴの分野においてドイツ企業は圧倒的な強みを発揮しそうです。

ドイツがこの分野でリーダーになれるのは、ＳＡＰというＩＴの世界では非常に強い企業が存在しており、複数分野での技術の融合が進んでいるからです。

ドイツの躍進を支えるのは突出した英語力

こうした動きを後押ししているのが、熱心な英語教育とみてよいでしょう。

教育大手EF Education First社が発表している２０１５年の世界英語力ランキングによると、ドイツの英語力は世界10位とかなり健闘しています。英語を母国語とする米国や英国を除くと、独自の歴史や文化を持つ大国の英語力はあまり高くないのが普通です。

日本の英語力ランキングは30位、フランスは37位、イタリアは28位となっています。

こうした国々は、外国語に頼らなくてもあらゆる情報が手に入りますから、必死になって英語を覚える必要がありません。

ところがこの中でドイツの英語力だけは突出しています。それは製造業大国として、世界各国にモノを売りに行くためには英語力が必須と考えているからです。

日本とドイツの技術力は大差がありませんから、変化への対応力があり、英語を駆使できるドイツ企業の方が有利になるのは当然の結果ともいえます。

日本市場の大きさを考えた場合、筆者は、日本人は無理して英語を覚えて世界にモノを売る必要はないと考えています。しかし、多くの日本人は今後も日本は製造業の国としてやっていくべきだと考えています。そうであるならば、ドイツのように競争を徹底させ、英語をより積極的に学ぶ必要があるかもしれません。

感じるポイントはここ！

- 同じ製造業の国なのに、日本とドイツの生産性に大きな差が開いた要因は、変化に対する対応力

- ドイツは、競争力のない企業を市場から強制的に撤退させる一方、失業した労働者への手当が厚いため、市場では常に人が入れ替わり、新しいアイデアも生まれやすい

- ドイツではネットを使った新しいビジネスへの取り組みも活発で、それを後押しするのが熱心な英語教育

- ドイツは製造業大国として、競争力、イノベーション、英語力と、世界でビジネスを展開させる力をしっかり培っている

感じて行動！ その4

賃上げで消費を増やせるか？（所得と消費のメカニズム）

先ほど紹介したドイツの例は、あくまでモノ作り大国として稼ぐということを前提にしたものです。製造業の世界は完全にグローバル化されていますから、英語が必須となっていますし、様々な国に製品を売り込んでいくためには、価値観の多様化にも対応する必要があります。

ドイツは移民の受け入れにもっとも積極的な国のひとつとなっており、場合によっては人種のるつぼといわれる米国よりも多種多様な人が存在する社会です。

ドイツではあまりにも移民を受け入れすぎたため、国内ではそれに反対する意見も大きくなっています。そのくらい、移民の受け入れに積極的なわけですが、こうした多様化した社会のあり方が、強い製造業の源泉となっていることは間違いありません。日本はドイツと同じく製造業の国であると多くの人が思っています。筆者自身も大学で原子力工学を学んだ人間ですので、製造業への思い入れは人一倍、強いものがあります。しかし、冷静に考えてみれば、日本は日本人が思うほど製造業に依存している国ではないことが分かります。

本書ではすでに何度か指摘していますが、日本のGDPに占める消費の割合は高く、全体の6割に達します。日本は人口も多く、ひとつの国だけでそれなりの巨大市場を形成することが可能です。したがって、もう少し工夫すれば、無理にグローバル化を進めなくても、消費主導で豊かな経済を実現することは十分に可能です。

無理に賃上げしても経済全体ではプラスマイナスゼロになる

消費主導型経済では、何らかの形で消費を増やすことが経済を成長させる原動力となります。

第2章で解説したように、消費の原資となるのは所得ですが、所得は消費や投資がその原資となっています。つまりお金はグルグルと回っているわけです。

逆に言うと、いかに上手にお金を回すのかが経済活動のカギとなるわけですが、何をきっかけにお金が回り始めるのかについては、経済学の世界でも決着がついていません。需要が高まればお金が回り始めるという説もありますし、逆に供給側が何らかの工夫をする必要があるとの見解もあります。

最近、消費拡大の方法としてよく話題に上るのは賃上げです。

確かに政府が強制的に賃上げを実施すれば、とりあえず労働者の所得は増加します。所得が増えた分、消費が拡大するというメカニズムが成立するはずですが、現実はそう簡単にいきません。

実際、安倍政権は4年連続で財界に賃上げを要請し、財界側は渋々ではありますが、これを受け入れてきました。しかし、賃上げが消費の大幅な拡大につながった形跡はありません。

賃上げが消費の拡大につながらないことについてはいくつかの理由があります。

ひとつは、先ほどから議論している企業の付加価値の問題です。

実は日本企業全体の売上高は、過去20年間ほぼ横ばいとなっており、企業が生み出す付加価値もほとんど増えていません。

つまり日本企業の稼ぎは横ばいということになるのですが、この状態で政府が賃上げを要請すると、何が起こるでしょうか。大企業が下請け企業に値引きを強く要請したり、非正規社員の待遇を悪くするなど、正社員の賃上げによって減った利益をカバーしようとします。

このため、一部の正社員の給料は上がっても、非正規社員の給料は逆に下がってしまったり、値引き圧力を受けた下請け企業の社員は給料が減らされたりしてしまいます。結果的に全体の賃金は上がらないという状況が発生してしまうわけです。

マクロ的に見ると、一部の人の所得が増えても、全体の所得が増えないため、消費の拡大にはつながりません。

最低賃金で働いている人の実像

安倍政権は、賃上げの一環として、**最低賃金***の引き上げも実施しました。

日本の最低賃金は諸外国と比較してもかなり低い金額でしたので、最低賃金の引き上げそのものについては筆者も賛成する立場です。しかし、最低賃金を引き上げることで、低所得層の所得が増えて消費が増えるのかというと話はまた別になります。最低賃金水準で働く労働者というのはどのような人たちなのかということを考えると状況が見えてきます。

2016年7月、厚生労働大臣の諮問機関である中央最低賃金審議会は、最低賃金の目安について、全国平均で24円引き上げ822円とする決定を行いました。

内閣府の推計によると、最低賃金付近（最低賃金プラス40円以下の時給）で働く労働者は約500万人いるとされています。1年に240日働き、1日の労働時間を8時間とすると年間では1920時間となり、すべての時給が24円上昇すると仮定すれば、総額で約2300億円の賃金が追加で支払われることになります。

2300億円という金額は単体で見れば大きいように思えますが、労働市場全体で考えるとごくわずかな金額に過ぎません。2014

感じるWord
最低賃金
労働者の生活を守るため、行政機関などが賃金の最低額を定め、それ以上の賃金で雇用することを企業に義務付ける制度。

年度における従業員の総数は5262万人となっており、最低賃金付近で働く人は全体の1割程度です。また同じ年度に支払われた給与総額は133兆円を超えています。

こうした状況で、労働者の給与総額が2300億円増えたところで、大きく消費が拡大する可能性は低いでしょう。

もっとも最低賃金の上昇には少し別の見方もあります。最低賃金を実際にもらっている労働者の属性を考えると、最低賃金の増加によって、お金の流れが変わってくる可能性があるからです。

最低賃金程度の賃金をもらっている労働者と聞くと、一般的には低所得層の人をイメージするかもしれません。しかし、現実に最低賃金程度で働いている人の属性はかなり異なったものです。

経済産業研究所の研究員らによる実証研究よると、最低賃金で働いている労働者の世帯年収は多くが500万円を超えているそうです。どういうことかというと、最低賃金労働者の多くは、主婦のパート労働なのです。

この話は、少し落ち着いて考えてみれば容易に想像できることかもしれません。

現在の最低賃金ではフルタイム労働でも年収換算すると150万円程度にしかなり

ません。世帯収入が150万円ということになると、相対的貧困率の定義では貧困層に近いと分類される水準になります。この金額で世帯主として生活を成り立たせることは現実的にかなり難しいでしょう。つまり、日本における最低賃金労働は、主婦のパートなど、主たる収入源ではないことが大前提なのです。

したがって最低賃金を引き上げた場合、実際に所得が増加するのは、低所得者層ではなく中間層ということになります。

低所得層の人はギリギリのところで生活していますから、所得のほとんどを支出せざるを得ません。したがって、この層の所得が増えると、そのまま消費の増加につながります。

これに対して中間層は所得の一定金額を貯蓄に回しています。このため、最低賃金を上げると主婦がパート労働に出ている世帯の所得が上昇し、その分は、消費ではなく貯蓄に回る可能性があるのです。

所得を増やせば消費が増えるというメカニズムは、それほど単純ではないことがお分かりいただけると思います。

感じるポイントはここ！

- 日本が豊かな経済を実現するには、グローバル化を推し進めるだけでなく、消費を拡大することでもかなえられる

- 消費主導型経済を目指して賃上げを行っても、一部で上がって、一部は減らされるという構図が生まれ、全体の所得増にはならず、消費も増えない

- 日本で最低賃金をもらっている人の多くは、低所得層ではなく、主婦のパート労働であるため、最低賃金を引き上げることによって、所得が増えるのは、低所得層ではなく中間層となる

- 中間層で所得が増えても、貯蓄に回る可能性があるため、消費に直結するとは限らない

感じて行動! その5

ビジネスを活性化させれば消費は増える?(ベンチャー企業の成長を妨げる最大の問題)

これまで説明してきたのは、家計の所得を増やして、購買力を高めようという話ですから、基本的に需要側に働きかけるやり方です。これとは反対に、製品やサービスを作る側、つまり供給サイドに焦点を当てるという手法もあります。

画期的な商品があれば人は消費する

先立つものがないと消費はできませんが、今の日本において、消費者はまったくお金がないというわけではありません。将来が不安だったり、ワクワクするような商品やサービスがないので消費を控えているという面が多分にあります。

このような状況で、画期的な商品やサービスが登場してくると、消費が喚起される場合があります。

アップルのiPhoneがまさにその典型ですが、こうした魅力的な商品やサービスがあれば、消費者は多少、無理をしてでも消費することになります。その結果、経済全体にお金が回り始め、最終的には消費した人たちも給料アップで潤うという好循環が成立するわけです。

こうした画期的な商品やサービスが登場するためには、企業の側が変わらなければなりません。今までと同じやり方、同じ発想では、新しい商品やサービスは生まれないからです。具体的には**ベンチャー・ビジネス***がどれだけ活発なのかで状況が大きく変わってくることになります。

感じるWord

ベンチャー・ビジネス
最先端の技術などを活用した画期的・創造的な新事業のこと。新しく設立された小規模な企業がその担い手となることが多い。

残念ながら、日本のベンチャー環境はあまり良いとは言えず、ベンチャー・ビジネスの国際調査機関GEM（グローバル・アントレプレナーシップ・モニター）による調査では、主要先進国における日本の起業活動率は最低となっています。かなり以前から同じ状況が続いているので、日本のこうした環境は構造的なものと考えられます。

では日本ではなぜベンチャー企業の活動が低調なのでしょうか。一般的に言われているのは、日本では資金調達が難しいというものです。

確かにベンチャー企業が資金調達をするのはそうたやすいことではありません。筆者自身がベンチャー・ビジネスを立ち上げ、資金調達をしたことがあるので、この話は実感として理解できます。

しかし、日本の資金調達の環境が諸外国と比べて著しく悪いのかというとそうではありません。どこの国でも資金調達にはそれなりの困難が伴いますし、逆に言うと、その程度の困難を乗り切れるようなタフな人でなければ、とてもベンチャー企業の経営者は務まらないでしょう。

では日本における最大の問題はどこにあるのでしょうか。それはベンチャー企業側ではなく、むしろ大企業が持つ独特のカルチャーにあります。

新規事業に消極的な日本の大企業

ベンチャー企業が急成長するためには、資金力のある大企業に対して製品やサービスを積極的に売り込んでいく必要があります。諸外国でも、法人向けの製品やサービスを提供するベンチャー企業の多くが、大企業を顧客としています。

ところが、日本では大企業が極めて保守的でベンチャー企業の製品やサービスをほとんど採用しないという現実があります。このため日本ではベンチャー企業が急成長することが難しくなっているのです。

顧客の側が商品やサービスを買わないのであれば、いくら起業を促したり、ファンドを整備したところであまり意味はありません。

少し古いですが、日本の大企業の行動がいかに保守的なのかを裏付けるデータがあります。コンサルティング会社のデロイトトーマツコンサルティングが2013年に行った調査によると、日本の大企業は米国や中国の大企業と比べて、新規事業への取り組みが非常に消極的であるとの結論が出ています。

日本企業における新規事業（過去3年以内に市場に投入した製品やサービス）が売上高に占める割合はわずか6・6％でした。これに対して、米国や中国における同種の調査では、米国は11・9％、中国12・1％と日本の2倍近くの数値になっています。新規事業の内容を見ると日本企業の状況がさらによく分かります。

米国企業における新規事業の半分以上は、自社として新しいだけでなく世の中にとっても新しい革新性の高い事業となっています。これに対して、日本企業における新規事業の中で、世の中にとっても革新性のある事業の割合は11％、事業全体からみればわずか0・7％でした。

日本企業が取り組む新規事業は米国や中国の半分以下の水準であり、しかも新規事業のうちの9割は自社にとっての新規事業でしかなく、世の中にとっては新しくない事業ということになります。

分かりやすい例をあげると、日本では大手の化学メーカーがサプリメントのTV通販事業を始めるというようなケースが圧倒的に多いということです。その会社にとっては新規事業でも、サプリメントのTV通販は世の中では当たり前の事業でしかありません。

諸外国の大企業が、ベンチャー企業の製品やサービスを積極的に購入するのは、こういった新規事業が活発だからです。新規事業をスピーディに実施するためには、自社のリソースだけでは不十分です。結果として、多くのベンチャー企業にアプローチし、その製品や技術を積極的に採用するわけです。

ところが日本の場合、こうした本当の意味での新規事業は存在しません。自社の事業に革新性を求めていないので、わざわざリスクの高いベンチャー企業の製品やサービスを利用するメリットがないのです。

日本でベンチャー・ビジネスが発展しない最大の理由はここにあります。

日本の大企業は、今でも減点主義が基本です。何か大きなことを達成した人を抜擢《ばってき》していくのではなく、失敗した人を減点対象にして脱落させていくという競争ルールです。このような環境では、思い切って新しい事にチャレンジする人は少なくなってしまうでしょう。

こうした後ろ向きなスタンスが社会全体に蔓延しているので、日本の産業界はどうしても官庁を頂点とした護送船団的ヒエラルキー構造になりがちです。

公務員がベンチャー振興について「訓示」するという奇妙な光景

新しいベンチャー企業の技術や製品を採用しないだけならまだマシですが、大企業の中には、政府に働きかけて規制をかけ、新興企業の活動を阻害するところすらあります。このような環境が是正されない限り、日本において画期的なベンチャー企業が多数登場するという環境にはなりにくいでしょう。

以前、筆者はこうした状況を象徴する光景を目にしたことがあります。

ベンチャー振興を掲げるセミナーで、あるエリート官僚が、「日本は起業家の社会的地位が低い。もっと起業家を尊敬すべきだ」と意気軒昂《けんこう》に講演していました。主張していることは正しいのですが、何か違和感があります。

講演が終了した後、会場にいる大企業のビジネスマンたちはこぞって官僚の名刺をもらおうと演壇に集まり、ペコペコと官僚に頭を下げ、官僚はまんざらでもない表情で名刺を渡していました。

この場面を見るだけで、ベンチャー企業に対する日本人のホンネが分かります。起業家を尊敬すべきだと、一般人に上から目線で「訓示」しているのは、起業家とは正反対の場所にいて、税金で生活している公務員なのです。

こうした日本社会の雰囲気は、誰かに強要されたものではなく、自然発生的なものです。経済において、感じ方、マインドというものがいかに大きな力を持っているのかが分かると思います。

感じるポイントはここ!

- 消費を増やすには、需要側に働きかける方法と、画期的な商品を発明するなど、供給側に焦点を当てる方法がある

- 画期的な商品やサービスの誕生には、ベンチャー・ビジネスがどれだけ活発なのかで状況が変わる

- ベンチャー企業の成長を妨げているのは、ベンチャー企業側ではなく、大企業の減点主義の文化にある

感じて行動！ その6

傍観者になってはいけない（リスクと成長の仕組み）

日本ではこれまで何度も構造改革が叫ばれましたが、そのたびに反対の声が出てきて政策は頓挫《とんざ》しています。今では構造改革という言葉は、悪いニュアンスで使われることの方が多くなりました。

構造改革というのは、機能不全に陥っている産業に対して、規制緩和などを通じて刺激を与えようという考え方です。つまり、企業の行動原理を変える手法のひとつということになります。

日本で構造改革がうまくいかない理由はマインド

規制緩和などで強制的に競争環境を作り出すというやり方は、1980年代の米国などで実施されそれなりの効果を上げてきました。米国でアップルやグーグルといった画期的な企業が次々生まれてくるのはこうした施策の結果です。日本でも同じような政策を実施すれば、企業活動が活性化し、消費者が欲しくなるような画期的な製品やサービスが生まれてくるだろうというのが構造改革路線の基本的な考え方です。

ところが日本ではこのやり方がうまく行かず、無理に構造改革を行うと弊害ばかりが顕在化してしまいます。そうなってしまう理由は、人々の多くがネガティブなマインドを持っているからです。

米国の場合、主体的に面白いことにチャレンジしようという人が一定数、存在しています。社会や企業の制度がこうしたチャレンジ精神を邪魔しているのなら、規制緩和でその壁を取り払ってやることで一気に活動が開花します。つまり、前向きなスピリッツが存在していることが大前提なのです。

しかし、多くの人が後ろ向きな状態で規制緩和を強引に進めてしまうと、皆が自分が損をしないようにと、ますます後ろ向きに行動するようになります。その結果、適正な競争環境が構築されず、弱者にだけシワ寄せが行くという本末転倒な結果に終わってしまうのです。

こうした話はなかなか捉えどころがないので、政策の現場では無視されがちなのですが、実は経済の動きに対して極めて大きな影響を持っており、決して無視することはできないものです。

先ほどベンチャー・ビジネスについて取り上げましたが、政府は一時期、国内でもベンチャー企業を育成しようと様々な取り組みを行いました。中には多額の予算が付いたプロジェクトもあり、多くの人が、ベンチャー育成に参画しましたが、よく見ると不思議なことがたくさんありました。

肝心の起業家がいないのです。

ベンチャー企業を育成しようというプロジェクトには、大手企業のビジネスマンやコンサルタント、会計士など多くのエリート達が集まってきましたが、皆、ベンチャーを支援したいという人ばかりで、肝心の起業家が見当たりません。

日本のためになるプロジェクトを「応援したい」「支援したい」という人はたくさんいるのですが、実際に自分がそれに取り組むという人は、数えるほどしかいないわけです。主役がいなければ、こうしたプロジェクトをいくら実施しても効果は限定的でしょう。

筆者は実際に起業した経験があるのでよく分かるのですが、こうした外部の支援はあるに越したことはないものの、正直に言うと、ないと困るというものではありません。

ベンチャー企業にとっては、自社の製品やサービスが社会に受け入れてもらえるかがすべてであり、そこさえ乗り越えることができれば、それ以外の部分はいくらでも自力で対応が可能なのです。

こうした状況は、ベンチャー支援だけにとどまりません。

政府は、現在、地方創生をかかげて地域経済を活性化しようとしており、多額の予算を地域支援活動に投じています。ところがこうした政府のプロジェクトに集まってくるのは、地方を支援したいという人ばかりで、肝心の地方在住者の顔がよく見えません。

地方への移住などを提言する有識者委員会に参加しているメンバーのほとんどは東京在住者で、地方への移住など考えたこともないはずです。

筆者は人の移動というのは、基本的に市場メカニズムに任せるべきだと考えています。東京にいないとビジネスができないような理不尽な制度がある場合には、それを是正するのは当然ですが、どこで仕事をして生活するのかは、最終的には本人に任せた方がよいでしょう。地方から東京に人が集まってきてしまうのは、それなりの理由があるからです。その動きを政府が無理にコントロールすると弊害が大きくなります。ましてや自身が移住する気もないのに、地方創生を「支援する」という人ばかりではうまくいくはずがありません。

一連の話に共通しているのは、傍観者的な態度といってよいでしょう。自らが主役となって動かず、誰かがやってくれることを待つという姿勢です。

こうしたメンタルな部分が経済に及ぼす影響は極めて大きく、決して無視することはできません。この部分を変えないまま、構造改革を進めても、うまくいかないのは当然のことなのです。

日銀は量的緩和策がうまく行かないことを予想していた

実はこうした傍観者的なスタンスの弊害は、量的緩和策など金融政策にも影響を与えています。マインドの転換をせずに金融政策を進めることの弊害は、実は日銀自身が何度も懸念を表明していました。しかし残念ながら、こうした日銀の懸念は政策に反映されなかったのです。

量的緩和策の実施をめぐっては、実は日銀内部でかなり意見が割れていました。議論となった点はいくつかあるのですが、その中のひとつが、日本の経済や産業の構造を変えないまま量的緩和策を実施しても効果が薄いのではないかという指摘です。

量的緩和策は、本書でも何度か説明しましたが、日銀が国債などの資産を大量購入し、市場にインフレ期待を持たせ、それによって投資を促進しようという政策です。キーワードになるのは「インフレ期待」です。

インフレ期待というのは皆がインフレになると予想することですが、問題はここから先です。中央銀行がたくさんマネーをバラ撒くことで、インフレが進む可能性が出てきた場合、多くの人は株や不動産、実物資産などに積極的に投資するはずです。実際、諸外国ではこうした行動が起こり、実際に株価などが上昇することで、政策の効果が上がってきたわけです。

しかし、国民の多くが傍観者的で後ろ向きなスタンスだったらどうでしょうか？インフレになると分かっていても、積極的に行動には移しません。この結果、量的緩和を行っても、それに沿った行動を国民がとらず、結果的に政策の効果が上がらないという状況が起こり得るわけです。

日銀はかなり以前からこうした状況を懸念していたようです。それは、黒田総裁の前任者である白川方明《まさあき》前総裁の発言を聞くとよく分かります。

白川氏は、2012年4月の会見において、量的緩和策の実施について問われた際、「経済成長の基礎を築いていくためには、民間企業が付加価値の創造力を高め、外需の取込みや内需の掘り起こしを進める必要があります」と発言しています。つまり、企業が前向きに攻めていく姿勢がない中で緩和策を行っても効果が薄いと言っているのです。

また白川氏は、「成長を切り拓いていくのは、いつの時代でも企業であり、また企業を担う企業経営者、イノベーターだと思います」とも発言しています。

日銀官僚らしい、もってまわったような言い回しですが、企業が主体となってリスクを取り、成長軌道に乗せるための努力をしていかなければ、経済は成長しないと明確に主張しています。

この話は確かに正論なのですが、先ほど例に取り上げた「起業家を尊敬すべきだ」と発言した官僚の話と少し似ているかもしれません。

日銀は形の上では民間企業ですが、事実上の公務員で、その立場は完全に保証されています。こうした立場にいる人から、民間人はリスクを取れ、と言われても、あまり説得力がありません。ただ白川氏が主張していることそのものは、おおむね正しいと思ってよいでしょう。

いくら政府が音頭をとったり、金融政策や財政政策を実施しても、経済の主役である国民が動かなければ何も始まらないからです。

これは貯蓄から投資へという政策も同じです。

リスクをとって挑戦することからもっとも縁遠い人たちから、リスクをとって投資しろと宣伝されても、ほとんどの人はしらけてしまうでしょう。しかし、投資という形でリスクをとらないと経済が成長しないのも事実なのです。

個人が過度なリスクをとることなく、社会全体としてリスクをとるための仕組みが企業でありファンドなのですが、こうした仕組みを活用しようという雰囲気はあまり日本からは感じられません。これは非常に残念なことです。

感じるポイントはここ！

- 構造改革とは、規制緩和などで強制的に競争環境をつくることで、画期的な製品やサービスが生まれるという考え方

- 米国でアップルやグーグルが誕生したのは、競争環境施策の結果でもあるが、チャレンジしようという前向きなスピリッツが存在しているから

- 日本で規制緩和を進めると、前向きな挑戦よりも損をしないようにと後ろ向きな行動を生み出し、健全な競争環境が生まれない

- どんなに政府が金融政策や財政政策を実施しても、経済の主役である国民が動かない限り、何も変わらない

4章

経済を動かすのはあなた自身

経済を動かす！　その1

転職が活発になれば サビ残はなくなる（終身雇用と長時間残業の不都合な関係）

これまで説明してきたことは、構造改革や地方創生といった大きな話に限定されるものではありません。むしろ、日常生活における小さな行動の積み重ねが、最終的には経済の流れを決定します。もっとも身近な例ということで考えれば、転職はその典型でしょう。

日本でも転職することは珍しくなくなり、終身雇用の制度は事実上、崩壊しつつあるといわれています。しかし、多くの企業では、新卒一括採用、終身雇用の制度が続いていますし、労働者の意識もそれほど変わったわけではありません。実はこうした慣行と長時間労働には密接な関係があります。

今の会社で一生働き続けることができる?

先ほど取り上げた労働経済白書では、労働者の意識についての調査も行っています。それによると「できるだけひとつの企業で長く勤めることが望ましい」「どちらかといえば望ましい」と考えている労働者は60・7%となっています。これに対して、「企業にとらわれず流動的に働けることが望ましい」「どちらかといえば望ましい」と考えている労働者はわずか16・6%でした。あくまで希望というレベルですが、多数の労働者が終身雇用を望んでいることが分かります。

その一方で多くの労働者が現実とのギャップを抱えていることも明らかとなっています。

「ひとつの企業だけで一生働き続けることは可能」「どちらかといえばそう思う」と考えている人は35・8%しかなく、「倒産や解雇はいつ起こってもおかしくない」「どちらかといえばそう思う」と答えた人は38・8%とほぼ同レベルとなっています。6割の人は、終身雇用を望んでいるものの、その半数以上は、現実には難しいと考えているわけです。しかし逆に見れば、残りの半分は、終身雇用が望ましいと強く思っており、実際、ひとつの企業で働き続けることは可能だと考えていることになります。

当然ですが、この傾向は年齢が上がるにつれて高くなってきます。「倒産や解雇はいつ起こってもおかしくない」「どちらかといえばそう思う」と答えた人の割合は、20代は41％、30代は41・4％だったのに対して、40代は37・7％、50代は35・6％となり、65歳以上では27・4％まで減ってしまいます。

総じて、日本人は終身雇用を強く望んでいるわけですが、こうした傾向は先ほど議論した長時間労働の問題と密接に関係しています。日本では、企業と労働者が協定を結べば、事実上、無制限に残業を強要することができるのですが（いわゆる36協定《サブロク》）、この制度は、実は正社員の終身雇用を維持するためのメカニズムとして作用しているのです（36協定については現在、見直しを検討中）。

法定労働時間を厳密に適用してしまうと、企業は好景気の時にはたくさん人を雇い、景気が悪い時には解雇するという形で労働力を調整することになります。

日本では、景気がよい時は全員が残業して業務をこなし、景気が悪い時には、正社員のクビを切らなくても済むよう工夫することで、終身雇用を維持してきました。日本企業の多くで慢性的に残業が行われているのは生産性が低いことが最大の要因なのですが、こうした雇用慣行も、生産性の低さと長時間労働に拍車をかけています。

先ほど、ドイツの労働時間が極めて短いという話をしましたが、労働時間が短いことと、転職市場が発達していることは実は深い関係があります。

先ほど、日本企業は終身雇用を維持するため、不景気の時にも人を減らさなくてもいいように、好景気の時には無制限の残業を許容する制度になっているという話をしました。

このやり方は、経済や社会の仕組みが長期間にわたって変わらなければ、それなりに効果を発揮しますが、社会が激しく変化していく状況では、むしろ弊害の方が大きくなってきます。

社会の変化に合わせて事業を変えるということになると、新しい人材が必要となります。日本では転職市場があまり成熟していませんから、新卒の採用数を増やすことで、企業は新しい事業に対処しようとします。この結果、年々、社員の数が増え、組織が巨大になってしまうわけです。そのうち、会社には仕事がないにもかかわらず雇用されているという人ばかりになり、組織の活力が低下していきます。

日本ではよく「働かないオジサン」と揶揄《やゆ》されていますが、日本型の雇用環境ではこうした人が一定数出てきてしまうのは致し方ありません。

もし転職市場が整備されていれば、企業は好景気の時には人を次々採用し、マンパワーを増やしますから、無理に残業する必要はありません。その代わり、不景気になったり、市場環境が変化すると、人を増やしすぎた企業は一部の社員を解雇することになりますが、こうしたメリハリが企業の活力を維持するわけです。

会社を辞めた人は、職業訓練や大学院での学び直しなどを通じて新しいスキルを身につけ、別の仕事に就くことになります。

仕事や会社を変えることは確実にプラスの効果がある

確かに一生同じ会社で、同じメンバーと過ごしていれば日々の生活はラクかもしれません。しかし、常識的に考えて、同じ人たちが、同じ環境で何十年も一緒にいると確実にマンネリ化してきます。組織の活力が低下して、新しいアイデアが出にくくなるのは、容易に想像できると思います。

筆者はサラリーマン時代に1度転職し、その後は独立して会社を経営してきたのですが、設立した会社での事業も1度、変えていますから、通算すると3回仕事を変えたことになります。

仕事が変わると、新しいことを覚えなければなりませんから、当然、頭はフル回転となります。また付き合う人が変わることで、強い刺激を受けます。転職したり仕事を変えることのメリットは大きいというのが筆者の実感です。

また、複数の仕事を知ると、前の仕事の知識が新しい仕事の知識と結びつき、新しいアイデアが出やすくなります。人の移動が多いことは、企業活動を確実に活性化させるでしょう。

転職が活発になると、会社に対する考え方も大きく変わってくるはずです。

日本ではブラック企業における過労死などがよく社会問題になりますが、そこでよく出てくるのが、「辛いならなぜ辞めないのか」という議論です。確かにこれはまったくの正論で、そこで自殺するくらいなら、さっさと会社を辞めてしまえば何の問題もないはずです。おそらく、その事は本人もよく分かっているでしょう。しかし、どういうわけか彼等は会社を辞められません。

その理由のひとつが、会社に対する根本的な認識です。

日本人は自分が勤務する会社は、ムラ社会的な共同体だと認識しています。つまり、会社に所属することが、自身のアイデンティティになっており、そこを辞めてしまうと行くところがないと感じてしまいがちなのです。こういった話をすると、会社への帰属意識は、日本の文化であるといったような議論になりがちなのですが、話はもっと単純です。

会社への帰属意識の強さは、思い込みである可能性が実は高いのです。実際、現在のような雇用制度がなかった戦前は会社と社員の関係はドライでした。

会社を複数、渡り歩くようになれば、会社に対して一定の距離感を保つようになります。筆者も前にいた会社に対してはそれなりに愛着を持っていますが、それ以上でもそれ以下でもありません。自分にとっては今の仕事が大事であり、以前に勤務した会社は自身のキャリアの一部という位置付けです。

転職に対して、日本人が少し前向きになるだけで、雇用の仕組みは大きく変わりますし、結果的に経済効果、特に消費活動に大きな影響を与えるはずです。

感じるポイントはここ！

- 「転職」など、あなた自身の小さな行動の積み重ねが、最終的には経済の流れを決定する

- 複数の仕事を知ると、既存の知識が新しい知識と結びつき、新しいアイデアが生まれやすくなる。仕事を変えることのメリットは大きい

- 人の移動が多いことは、企業活動を確実に活性化させる

- 転職に対して日本人が少し前向きになるだけで、雇用の仕組みは大きく変わり、経済効果に大きな影響を与える

経済を動かす！ その2

好きなことを仕事にする（仕事に対するマインドセット）

仕事に対する価値観の転換は、転職しなければ身につかないというわけではありません。同じ仕事を長く続けていても、マインドが停滞せず、刺激を持ち続ける方法があります。それは好きなことを仕事にすることです。

GMのトップになるべくしてなったバーラCEO

好きなことを仕事にという点では、米国企業の人事はいろいろな意味で参考になります。

トヨタと並ぶ世界最大級の自動車メーカーである「GM（ゼネラル・モーターズ）」のCEOと、世界最大の小売チェーン「ウォルマート」のCEOは共に、好きなことを仕事にして、世界企業のトップにまで登り詰めた典型例です。

2013年12月にGMのCEOに就任したメアリー・バーラ氏は、GMの本社があるデトロイトで生まれ育ちました。父親もGMの工員で大のクルマ好き。そんな父親に影響を受けたバーラ氏もクルマが大好きになり、週末には父と娘で自動車販売店巡りをするのが何よりの楽しみという少女時代だったそうです。

バーラ氏は、高校を卒業すると何の迷いもなくGMに入社。根っからのクルマ好きですから、現場でもめざましい実績を上げ、たちまち抜擢されます。

GMの社内大学で学び、スタンフォード大学でMBA（経営学修士）を取得して、一気にエリート・コースに乗り、その後、開発担当副社長を経て51歳でとうとうGMのトップに登り詰めました。

「好き」を極めたキャリアであり、まさにGMのトップになるための人生だったといってよいでしょう。本人の満足感も大きいでしょうし、会社の従業員もこのような人物がトップであれば、多くが納得するはずです。

巨大小売店ウォルマートのCEOであるダグ・マクミロン氏の経歴も理想的です。マクミロン氏は47歳でCEOに就任したのですが、ウォルマートに入社するきっかけとなったのは、18歳の時に期間限定のアルバイト店員として働いたことだそうです。アルバイト中に大規模小売店の仕事に目覚めたマクミロン氏は、オクラホマの大学院でMBAの勉強をしている最中に、同社に正社員として再び入社。MBA取得後から本格的に同社で働き始め、主に国際展開などを担当し、たちまち頭角を現しました。

日本でも会社の仕事を理解してから入社するという観点から、インターンシップを実施する企業が増えています。しかし、日本社会はいまだに新卒一括採用が基本で、途中からのキャリア変更が難しいというのが現実です。結局のところ、好きか嫌いかではなく、とりあえず安定した著名企業に入ることが学生にとっての最優先事項にならざるを得ない状況が続いています。

好きな仕事を見つけるためのスイスの制度

好きなことを仕事にするといっても、本当に好きなことを探し出すのはそう簡単なことではありません。国によっては、好きな仕事選びを制度として定着させているところもあります。それはスイスです。

スイスは高度な金融サービスと高級時計を中心とした超高付加価値製造業の国として知られています。しかし意外にも、スイスの大学進学率は約45%とそれほど高くありません。

皆が大学に行くわけではないのですが、スイスではその分、豊富な職業訓練教育制度が用意されており、同国の失業率は2・8%と極めて低い水準に抑えられています。また、UBS銀行のCEOなど、職業訓練学校出身でグローバル企業のトップに上り詰めるケースもあり、その多様性が評価されています。

スイスでは、日本と同様、中学校まではごく普通の義務教育制度がありますが、制度が大きく変わるのはその先です。中学を卒業すると、一般的な大学進学を前提とした進学コースと職業訓練コースの2つを選択することができるようになっており、約7割の生徒が職業訓練コースを選択するそうです。

職業訓練コースのカリキュラムは、企業と職業訓練学校の連携によって実現しています。職業訓練学校に進学した生徒は、週の3~4日は企業でのトレーニングを行い、残りを学校での理論的な勉強に充てます。3〜4年の訓練を経て、生徒はそれぞれの業界に就職していくのです。

さらに専門知識を深めたくなった場合には、職業訓練大学などに編入し、高度な教育を受けてから社会に出るという選択肢もあります。

職業訓練を受けることができる職種は約300種に上っており、一般的な職業のほとんどはカバーされるといわれています。職業訓練中は基本的に無給ですが、多少の報酬はもらえるそうです。

300以上の職業の中から、興味のありそうな分野を自由に選び、3年かけていろいろな仕事を試してみれば、その中から、自分に合っている仕事を選び出すのは、それほど難しいことではないでしょう。こうしたシステムは、スイスのほかにドイツなどにも存在しています。

スイスの事例から分かることは、時間をかければ、自分に合った仕事を見つけることは可能だということです。

日本人はもっと仕事の選択について、柔軟になった方がよいでしょう。

感じるポイントはここ！

- 同じ仕事を長く続けても、仕事に対する刺激を感じ続けることはできる

- 日本社会は、途中からのキャリア変更が難しく、学生の就職における最優先事項が安定した著名企業に入ることになってしまっている

- スイスでは、大学進学率がそれほど高いわけではないが、豊富な職業訓練教育制度が用意されており、時間をかけて自分に合った仕事を選べるようになっている

- 社会のことを知らないまま、一発の試験だけで仕事を決めてしまう日本の制度は、見直す時期に来ている

経済を動かす！ その3

感謝とお礼をする（お金持ちの行動原理）

筆者は職業柄、多くのお金持ちの人と接する機会があり、お金持ちに関する書籍も数多く執筆してきました。お金持ちの人たちの振る舞いを見ていると、いくつかの共通項を見つけ出すことができます。

お金持ちの人たちは成功者ですから、その行動原理から学べるところがたくさんあります。また、彼等の行動には消費を活発にするヒントが詰まっています。ここでは「お礼」について取り上げてみましょう。

経済活動はお礼の延長線上にある

よく「お金持ち本」などを読むと、お金持ちの人は相手に対して「ありがとう」を素直に言えると書いてあります。

これはその通りで、お金持ちの人たちは相手に対する感謝の言葉をよく口にします。飲食店の店員さんなどから話を聞いても、富裕層の人は物腰が柔らかく、サービスに対してよく「ありがとう」という言葉をかけてくれると言います。

ただ、こうした行為は、心優しい振る舞いがお金を引き寄せるといった類《たぐい》のものではありません。人に対して感謝の意を表すことはメリットが多く、お金持ちの人たちはそれをフル活用しているというのが現実です。

世の中には、人から何かをしてもらっても、感謝の言葉をかけることができない人がたくさんいます。このため多くの人が、人から感謝されることにあまり慣れていません。

このため、感謝の言葉をかけると素直に喜ぶ人が多く、それが最終的には自分に対するメリットになってくるのです。

筆者はこうしたお金持ちの人たちの考え方を否定するつもりはまったくありません。むしろ、社会にとって望ましいと思っています。相手に何かをしてもらったら、感謝の気持ちを言葉に出し、それが好印象につながって、やがて自分の利益にもなる。これは非常に有益な経済のメカニズムです。

ここからもう一歩踏み込んで、感謝の気持ちを言葉にするだけでなく、「お礼」をすることができれば理想的でしょう。

お金持ちの人たちは、感謝の言葉を口にすると言いましたが、彼等が本当に感謝すると、言葉だけではなくお礼をします。感謝は口にするだけですが、お礼となると多少の出費を伴いますから、ハードルが上がるわけです。

感動したり、自分のためになったと思えるモノや行為に対しては、ちょっと奮発してお礼をする。こうした考え方が定着すると、実は消費経済は気持ちよく回り始めます。

米国に行くと、趣味で始めたクッキーが近所で評判になり、お金を出して買いに来る人が現われるようになり、やがてお店になったといった話をよく耳にします。お礼というものが、もう少しシステマティックな形に成長したものがビジネスですから、人への感謝やお礼という行為は非常に大事なのです。

ビジネスについてこうした視点で考えることができれば、もっと気軽にいろいろなことに取り組めるのではないかと思います。お金に対する教育という面でもそれはあてはまります。

日本人は諸外国に比べて金融リテラシーが低いと言われています。こうした状況から脱却するために、子供のうちから投資教育をしようという試みを目にする機会も増えてきました。それはそれでよいのですが、筆者は少し飛躍し過ぎのような気もします。

それよりも、人が喜ぶものを提供できれば、対価を受け取ることができるというビジネスの基本的なメカニズムを教えることの方がより重要だと考えます。

ビジネスというのは、道徳的によくないことをしないと儲からないものだと考えている人がいますが、それは誤りです。中にはあくどいことをビジネスにする人もいますが、それは少数派ですし、何よりこうした反社会的なビジネスは思ったほど儲かりません。

本当に大きなお金を儲けようと思ったら、多くの人が喜ぶ製品やサービスを提供することが最も効率のよい方法であり、成功した事業のほとんどは、この条件にあてはまります。つまり人の喜びの延長線上にビジネスは存在しているのです。

人は対価を発生させると、いろいろな意味で真剣になります。お金を払う方もしっかりと見極めるようになりますし、お金を受け取る側も、相手が望むものは何かを真剣に考えるようになるでしょう。こうした工夫を繰り返すことがビジネスをよりレベルの高いものに成長させるのです。

減点方式ではなく加点方式に

感謝やお礼という行為に加えて、相手を褒めるという感覚もとても大事です。

社会は結局のところ何らかの形で競争をしなければなりません。同じ競争をするにしても、減点主義でダメなところの少なさを競うよりも、加点主義でプラスの面の多さを競った方が建設的です。

減点主義では、何もしない人の点数が上がり、リスクをとった人は、損ばかりするということになってしまいます。企業では新しいことにチャレンジする人が減り、画期的な製品やサービスはなかなか出てきません。

失敗を許容していてはいくらお金があっても足りないという考え方もあるでしょう。しかし、失敗について一定の限度を設定しておき、そこを超えた場合にはゲームオーバーというルールにしておけば、組織としての損失もあらかじめ限定することができます。

例えば3回までは失敗できるが、それ以上は不可。何もしない場合には加点されず、新しいことを始めて、それを成功させた場合には大幅に加点する、というルールがあれば、多くの人はそれなりのチャレンジを試みるはずです。

そして仕事の評価については、決められたルールに従って淡々と実施するのがポイントです。不公平感は、ルールが曖昧《あいまい》であることに起因することがほとんどですから、機械的に行うのがベストなのです。

組織の運営や人の評価について、こうした考え方をベースに行っていけば、経済は確実に動いていきます。これは多くの経済政策を超える効果をもたらすでしょう。

感じるポイントはここ！

- お金持ちの行動原理には、消費を活発にするヒントが詰まっている。そのひとつが「お礼」

- 自分のためになったモノやサービスに対して、ちょっと奮発してお礼をすると、消費経済が気持ちよく回り始める

- ビジネスの根本原理は、小金を儲けることではなく、「多くの人が喜ぶ製品やサービスを提供すること」

- 競争社会においては、減点主義よりも、加点主義でプラスの面を競うほうが健全かつ建設的

経済を動かす！　その4

資本主義は「心」から始まった

（お金持ちになるための ある真理）

実はこうした心の持ち方というのは、資本主義の誕生と深く関係しています。

資本主義や経済学というものは、合理的な考え方を持つ人間の存在が大前提となっています。しかし、ここでいうところの合理性というのは、単純に利益を上げればよいという意味での合理性ではありません。

損得勘定だけでは資本主義は生まれない

資本主義という言葉は、しばしば拝金主義と同一視されることがあります。

多くの人は、金銭に対して貪欲《どんよく》で、損得勘定を徹底的に追求しなければお金持ちになれないと考えています。そうであるからこそ、お金を持っている人に対しては、時に批判的な言葉が投げかけられます。

お金儲けにそのような面があることは否定できませんし、一部の人は、金銭に対してすさまじいまでの貪欲さを持っています。貪欲さの結果としてお金持ちになれたという人は一定数存在しているでしょう。つまり資本主義＝拝金主義です。

確かにちょっとした小金持ちレベルであれば、目の前のお金に貪欲になることで実現可能かもしれません。しかし、もっと大きなレベルの富ということになると、ただ貪欲なだけでは到底、実現することはできません。

むしろ、お金に対して淡泊であり、すべてを失ってもよいので、自分が理想とする事業を実現したいなど、損得勘定をあまり考えないタイプの人が大成功を収めたりしています。お金に執着せず、むしろ手離れのよい人がお金持ちになりやすいというのは、多くの成功者が証言するお金持ちになるためのひとつの真理です。

こうした傾向は実は学問的な研究の対象にもなっています。

ドイツの社会学者であるマックス・ヴェーバー*（1864〜1920）は、資本主義の成り立ちに関する研究を行い、どのような条件が整うと資本主義が発達しやすいのかについて分析しました。その結果は、一般的な常識とはまったく逆で、到底、お金儲けなど許されないような地域ほど、資本主義が発達しやすいという矛盾したものでした。

ヴェーバーによると、カトリック圏など、世俗的な欲求（金銭欲など）に対して寛容な地域では資本主義が発達せず、むしろ、プロテスタントの影響が強く、禁欲的な風潮が強い地域の方が資本主義が発達しやすいそうです。

つまり資本主義がうまく機能するためには「資本主義の精神」と

感じるWord
マックス・ヴェーバー
ドイツの社会学者。『プロテスタンティズムの倫理と資本主義の精神』『職業としての政治』など有名な著作がたくさんある。

いうメンタルな部分が重要であり、禁欲的な社会においてこそ、こうした部分が発揮されやすいというわけです。

ヴェーバーの学説については、いろいろな矛盾点も指摘されているのですが、資本主義の本質をついた言説として今でも大きな影響力を持っています。

似たような話は経済学者のジョン・メイナード・ケインズ*（1883〜1946）も主張しています。

ケインズは、経済を動かす原動力となるのは、合理性ではなくアニマルスピリットだと主張しました。アニマルスピリットとは、起業家が持っているような、動物的野心のことを指しています。つまり、経済を動かしているのは、ドライな損得勘定に立脚した合理性だけではなく、マインドであるという意味です。

確かに資本主義が発展する過程においては、こうした事例をたくさん見ることができます。代表的なのは英国の産業革命でしょう。

かつて資本家といえば、ほとんどが農地の所有者でした。

感じるWord
ジョン・メイナード・ケインズ
英国の経済学者でケインズ経済学を確立した。個人投資家でもあり株式投資で巨額の資産を築いたことでも知られる。

自身が所有する農地で大量の小作農を囲い込み、そこから地代収入を得ていたわけです。農業から得られる収益というのは実は非常に小さいのですが、資本家は、極めて広大な土地を持っていますから、最終的な収益はそれなりのものとなり、資本家は遊んで暮らすことができたわけです。

ところが産業革命の時代となり、農地に代わって工場への投資を行い、労働者を雇用すれば、農業とは比較にならない富を得られる可能性が見えてきました。工場を建設して、その事業が成功すれば、何十倍もの富が転がり込んでくるわけです。しかしながら、工場への投資はリスクが大きく、失敗すれば、すべてを失ってしまいます。

産業革命は合理的な選択ではなかった

このような時、徹底的な合理主義者は工場に投資をするでしょうか？　おそらく投資はしないでしょう。

今のまま小作農を抱えて農地の運営をしていれば、贅沢《ぜいたく》な暮らしが継続できます。しかし工場への投資に失敗すれば、こうした贅沢な生活もすべて失ってしまうわけです。いくら資産が何十倍にも増えるチャンスがあるとはいえ、合理主義的に考えれば、工場への投資はしない方がベターです。

ところが英国の資本家は、金融システムを通じて、産業革命の担い手である企業家に積極的に資金を提供しました。これが英国で産業革命が進んだ理由のひとつと言われています。結果的に新しい技術への投資が、途方もない金額の富を生み出すことになったわけですが、あくまでこれは結果論に過ぎません。

重要なのは、こうしたリスクのある事柄に果敢に挑んでしまう人の存在が資本主義を発展させたという事実です。

英国には、新しい技術を使って事業を立ち上げようという企業家がいて、それにリスクマネーを提供する資本家が揃っていました。彼等は、自身でもよく理解できない野心に突き動かされて、新しい事業に邁進したわけです。

こうした事例は現代でもたくさん見つけ出すことができます。企業家の人は、事業を立ち上げた理由について聞かれると、しばしば社会的使命を強調します。

対外的な見栄からこうした発言をする人もいるのですが、本気で使命感からリスクの高い事業に挑んでいる人も少なくありません。ヤマト運輸を巨大企業に育て上げ、その後は、福祉事業にも取り組んだ小倉昌男氏などはまさにこうした企業家の典型といってよいでしょう。

企業家は失敗すれば、すべてが終わりです。リスクを顧みず、使命感だけで新しい事業にチャレンジするというのは、目の前のお金に貪欲な拝金主義者からは決して出てこない発想であることを理解する必要があります。そして、これこそが、経済を動かす原動力となっているわけです。

一連の話は、経済というものは、人の「心」から始まっているということを如実《にょじつ》に示しています。したがって、経済を理解するためには、人の心を知る必要があるのです。また、多くの人が、経済活動に対して前向きにならなければ、本当の意味で景気を回復させることはできません。

数式やモデルを使って提示される経済の動きというのは、こうした人の心の動きが形になったものと考えるべきでしょう。

感じるポイントはここ！

- 資本主義を発展させるのは、合理主義者ではなく、自分の損得に捉われず、リスクに果敢に挑む人

- 企業家には、使命感からリスクの高い事業に挑んでいる人が多い。それは貪欲な拝金主義者からは出てこない発想である

- 経済を理解するためには、人の心を知る必要がある

- 多くの人が、経済活動に対して前向きにならなければ、本当の意味で景気を回復させることはできない

おわりに――私たちには社会を豊かにする責任がある

心の持ち方次第でGDPは大きく変わる

日本は天然資源に恵まれていないため、物づくりに邁進し、よい製品をたくさん輸出しなければ豊かさを維持できないと考えている人は多いはずです。近年、中国や韓国といった新興工業国を過度にライバル視する傾向が顕著なのも、こうしたメンタリティが大きく影響していると考えられます。

しかし、日本は本当に中国や韓国と競って、従来型の物作りを続けていかなければ豊かさを維持できないのでしょうか。筆者はそうは思いません。

日本市場はガラパゴスと揶揄されていますが、経済的に豊かで、しかも同じ言語を話す1億人もの消費者が目の前にいる市場というのは、世界中を見渡してもそうそうあるものではありません。その気になれば、日本は欧米各国並みの豊かな消費社会をつくり出すことができ、為替や諸外国の動向に一喜一憂しなくても済むはずなのです。

しかしながら、本書で解説してきたように、それを実現するためには、私たち自身の心の持ち方を変えていかなければなりません。後ろ向きなマインドのままでは、豊かな消費社会を実現することは難しいでしょう。

先日、ある外食チェーン店で少し残念なことがありました。

そのお店はテイクアウトにも対応しており、多くのメニューで持ち帰りができるようになっていました。筆者は、おつまみメニューの中に気に入ったものがあったので、テイクアウトできないかと店員さんに聞いてみました。店員さんは、「ピッタリの容器がないので、大きすぎる入れ物になってしまいますが、それでもよければ」とのことでした。

筆者は特に気にしないので「それでお願いします」と言ったのですが、その店員さんは思い出したように「ちょっとお待ちください」と言って店の裏に姿を消してしまいました。

その後、再び出てきた店員さんは、「確認したところダメだということなので……申し訳ありません」と残念そうに筆者に説明しました。おそらく電話で本部に確認したところ「マニュアルにないからダメだ」と言われたのでしょう。

確かに、顧客の中にはクレーマーのような人もいて、最初に料理と容器のサイズにズレがあることを説明しても、品物を渡した途端に怒り出すという可能性は否定できません。しかし、その店員さんは、非常に頭の良さそうな人でしたから、筆者の様子を見た上での判断だったと思います。

確かに、ここで1品、テイクアウトの注文を失ったからといって会社全体の売上高に影響するわけではありません。しかし同じようなことが、日本各地で無数に発生しているとしたらどうでしょうか。テイクアウト1個といえども、その注文がなければGDPは確実にその分だけ低下しているのです。

現場の店員さんがせっかく気を利かせても「どうせダメだから」といった雰囲気が蔓延していると、積極的に動こうという人も少なくなってしまうでしょう。

チリも積もればと言いますが、消費社会ではこうしたちょっとした積み重ねが大きく影響してくるのです。心の持ち方次第でGDPは大きく変わるのだということを私たちはよく理解しておく必要があります。

ポジティブな「感じる心」が経済を活発にする

クレーマーに対する懸念も同じ文脈で理解することができます。

このところ、多くの企業が過剰なクレーマーに悩まされており、その対応に多くの労力を割かれるというケースが見られます。豊かな消費社会を実現するためには、こうしたムダな労働はできるだけ回避しなければなりません。

筆者は以前、会社を経営していたのでよく分かるのですが、過剰なクレームを付ける顧客は常に一定数存在します。

しかし筆者の会社がモンスタークレーマーの被害に遭ったことは1度もありません。その理由は、社長である筆者が、限度を超えたクレームに対しては、常に断固とした姿勢で対応することを社内に徹底していたからです。ひどい場合には、脅迫されたこともありましたが、こちらが一歩も引かないことが分かると、相手は退散するものです。

あちこちで過剰クレームの問題が発生し、店員が土下座するような事態になっている原因のひとつとして考えられるのが、社内の雰囲気です。

ある企業では、一人の社員がクレーマーに対して毅然とした対応をすると、その話を聞きつけた別の社員が、（クレーマーに毅然とした対応をとった社員に対して）「彼の方にも問題がある」と言って足を引っ張ったりしていました。間接的にクレーマーを生み出しているのは、同僚社員だったりするわけです。

おそらくこうした風潮は、減点主義的な組織の雰囲気が大きく影響していると考えられます。欧米の企業でもクレーマーは存在するものの、日本のような社会的問題に発展することはほとんどありません。その理由は、基本的にポジティブな部分で人を評価するというコンセンサスが得られているからでしょう。逆に考えれば、考え方ひとつで雰囲気は変えられますし、それが全体の生産性を高め、ひいては社会に豊かさをもたらすことになるのです。

冒頭にも書きましたが、経済を動かしているのは政府でもエコノミストでもなく、私たち自身です。私たちが経済の主役である以上、私たちには社会を豊かにする責任があります。

筆者がもっとも主張したかったのはこの部分です。

本書をきっかけに、読者の皆さんの日常的な経済活動が少しでも活発になれば、筆者としてこれほど嬉しいことはありません。ぜひ、小さな一歩から踏み出してください。

本書はＳＢクリエイティブの美野晴代さんのアイデアからスタートしました。この場を借りて感謝の意を表したいと思います。

加谷珪一

２０１７年４月

自由競争　93
出生率　77
消費　83
消費者物価指数　35
ジョン・メイナード・ケインズ　242
新古典派経済学　133
生産設備　106
政府支出　92
先行指標　106
た
デフレ　127
デベロッパー業務　50
投資　84
な
ニンテンドースイッチ　3
は
プラダ　3
プレイステーションVR　4
ベンチャービジネス　199
ま
マックス・ヴェーバー　241
ミニマリスト　154
モンスーン カフェ　6
ら
流動性の罠　122
量的緩和策　35
ルブタン　3
ロイヤリティ　22
労働　137
労働生産性　161

索引 経済を「感じる」ための重要Word

あ

アベノミクス　29
居抜き　46
イノベーション　139
インフラ　53
インフレ　127
ウーバー　66
FX　85
MVNO（仮想移動体通信事業者）　58

か

格安SIM　58
寡占状態　19
カフェ ラ・ボエム　4
貨幣数量説　126
金利　112
クラウディング・アウト　121
経済財政諮問会議　57
ケインズ経済学　133
コア指数、コアコア指数　36
権八　5

さ

最低賃金　194
GDP　96
GDPの三面等価　97
失業率　77
実質賃金　26
資本　135

加谷珪一（かや　けいいち）

経済評論家、仙台市生まれ。

東北大学工学部原子核工学科卒業後、日経BP社に記者として入社。

野村證券グループの投資ファンド運用会社に転じ、企業評価や投資業務を担当。独立後は、中央省庁や政府系金融機関などに対するコンサルティング業務に従事。現在は、経済、金融、ビジネス、ITなどの分野で執筆活動を行っており、ニューズウィーク日本版（電子）、現代ビジネスなど多くの媒体で連載を持つ。億単位の資産を運用する個人投資家でもある。

著書に『AI時代に生き残る企業、淘汰される企業』（宝島社）、『ポスト・アベノミクス時代の新しいお金の増やし方』（ビジネス社）、『新富裕層の研究 日本経済を変える新たな仕組み』（祥伝社新書）、『お金持ちの教科書』（CCCメディアハウス）、『最強のお金運用術 富裕層だけが知っている1％の金利の魔法』（SBクリエイティブ）などがある。

感じる経済学
コンビニでコーヒーが成功して、ドーナツがダメな理由

2017年5月9日　初版第1刷発行

著　　者：加《か》谷《や》珪一《けいいち》
発 行 者：小川 淳
発 行 所：SBクリエイティブ株式会社
〒106-0032　東京都港区六本木2-4-5
電話：03-5549-1201（営業部）
装　　幀：krran（西垂水敦・坂川朱音）
装　　画：456
本文デザイン・図表：二神さやか
D　T　P：株式会社キャップス
印刷・製本：株式会社シナノパブリッシングプレス

ISBN978-4-7973-9039-1